Robert Schön

BUD YOUR LIFE!

Robert Schön

BUD YOUR LIFE!

Das Trainingscamp zum wahren Glück

AURUM

Robert Schön
Bud Your Life!

Lektorat: Susanne Klein, Hamburg *[www.kleinebrise.net]*
Gestaltung: Kerstin Fiebig, Bielefeld *[www.ad department.de]*
Druck & Verarbeitung: Westermann Druck Zwickau

www.weltinnenraum.de

1. Auflage 2016

Bibliografische Information der Deutschen Nationalbibliothek:
Die Deutsche Nationalbibliothek verzeichnet diese Publikation in der Deutschen Nationalbibliografie; detaillierte bibliografische Daten sind im Internet über *http://dnb.d-nb.de* abrufbar.

ISBN print 978-3-95883-044-8
ISBN eBook 978-3-95883-045-5

Dieses Buch wurde auf 100 % Altpapier gedruckt und ist alterungsbeständig. Weitere Informationen hierzu finden Sie unter www.weltinnenraum.de.

Haftungsausschluss:
Die im Buch enthaltenen Übungen wurden vom Verfasser und Verlag sorgfältig erarbeitet und geprüft. Eine Garantie kann dennoch nicht übernommen werden. Weder der Autor noch der Verlag übernehmen die Haftung für Schäden irgendeiner Art.

INHALT

VORWORT

„Die größte Entscheidung deines Lebens liegt darin, dass du dein Leben ändern kannst, indem du deine Geisteshaltung änderst."

Albert Schweitzer, deutsch-französischer Arzt und Theologe, 1875–1965

Ich bin kein Buddhist. Ich bin ein Kind meiner Zeit. Ich habe weder Theologie studiert noch in einem Kloster meditiert. Und auch mit einem spirituellen Workshop zum Thema „Esoterik" kann ich nicht dienen. Wenn du all diese Vorkenntnisse von einem Buchautor in Sachen „Lebenshilfe" erwartest, dann leg diesen Ratgeber schnell wieder weg und kauf ein anderes Buch.

Als moderner und weltoffener Mensch habe ich mich auf die Suche nach einer „Gebrauchsanweisung" gemacht, die mir zutraut, selbst Verantwortung für mein Leben zu übernehmen. Eine Philosophie, die konkrete Lebenshilfe bietet und die Persönlichkeit trainiert. Eine Weltanschauung, die mir nicht mit dem Höllenfeuer droht, wenn ich gegen ihre Dogmen verstoße. Eine Geisteshaltung, die jeden Menschen so akzeptiert, wie er ist, sofern er durch sein Denken und Tun nicht seiner Umwelt schadet.

Im Buddhismus gibt es keine Vorstellung von Sünde, wie sie dir vielleicht im Religionsunterricht vermittelt wurde. Es gibt nur „förderliche“ oder „hemmende“ Taten, die dich in deiner persönlichen Entwicklung weiterbringen oder zurückwerfen. Himmel und Hölle spielen sich in dir selbst – zwischen deinem Großhirn und deinen Herzkammern – ab. Siehst du um dich herum nur böse Mächte, bist neidisch, missgünstig und fühlst dich vom Leben ungerecht behandelt, dann wirst du allmählich zum Zombie in deinem eigenen Horrorfilm. Bist du jedoch aufrichtig bestrebt, dir und deinem Umfeld eine gute Zeit zu bescheren, wirst du zum Helden deiner amüsanten und mitunter auch traurigen Geschichte – deiner eigenen Tragikomödie.

Während einer Reise durch Thailand kam ich mit einigen „waschechten“ Buddhisten ins Gespräch. Sie wirkten einfach nur „gechillt“ auf mich und gaben mir Einblick in ihre Weltanschauung und in die Meditationstechniken, die sie praktizieren. Ich war baff und ehrlich beeindruckt, wie tolerant, aufopferungsvoll und lebensfroh ein Großteil der thailändischen Bevölkerung sein Leben bestreitet. Und das, obwohl diese Menschen keinen getunten Sportflitzer vor der Tür stehen haben, sondern höchstens ein stinkendes Tuk-Tuk, eine der in Thailand allgegenwärtigen Autorikschas. Ich habe bei den Frauen auch keine noblen Ledertäschchen am Arm baumeln sehen, sondern meist zerfledderte Baumwollbeutel, und man schläft dort in den seltensten Fällen in einem luxuriösen Hotelzimmer mit Boxspringbetten, sondern eher in improvisierten Hängematten, die an Baumstämmen befestigt sind.

Und jetzt der Clou: Ich behaupte, die genügsamen asiatischen Buddhisten sind häufig (innerlich) reicher als wir verwöhnten, europäischen Snobs. Durch ihre tägliche Meditationspraxis schulen sie ihren Geist und können dadurch geradezu Berge versetzen.

Als ich wieder nach Deutschland zurückkehrte, brachte ich einen großen Koffer „buddhistischer Gelassenheit" mit, die ich mir unbedingt bewahren wollte, und nahm mir vor, diese Haltung weiter zu kultivieren. Ich fing an, Bücher des Dalai Lama und anderer buddhistischer Mönche zu studieren. So erhellend und weise diese Schriften auch sind, erschienen sie mir doch häufig als sehr „trocken", schwer verständlich und etwas aus der Zeit gefallen. Aus diesem Grund beschloss ich, die buddhistischen Weisheiten meinen eigenen Lebensumständen „anzupassen" und diesen frechen Ratgeber zu verfassen.

Schnell, praktisch und effektiv soll dir „Bud your Life!" zur Seite stehen, wenn dir dein Leben, deine Freunde und dein Job mal wieder gehörig auf die Nerven gehen. Während der besten Jahre deines Lebens strebst du nach Macht, Geld, Ruhm und Anerkennung. Du verschwendest deine kostbare Zeit mit Eifersüchteleien, Neid und Sorgen. In den folgenden Trainingseinheiten zeigt dir „Bud your Life!", wie du deinen Geist „entgiftest" und lernst, über den Dingen zu stehen. Dein neuer mentaler Begleiter soll in erster Linie Spaß bereiten und dir die Hand reichen, wenn du inmitten des „alltäglichen Wahnsinns" wieder einmal den Überblick verlierst. Grundlage hierfür ist die praktische Zehn(-Minuten)-Meditation, mit der es dir – ohne jegliche Vorkenntnisse – gelingt, in kurzer Zeit seelischen Ballast und Gedankenmüll in die Tonne zu treten. Keine Angst, du musst dafür weder Räucherstäbchen anzünden noch seltsame Mantras vor dich hin summen.

Was ich dir garantiere? Hinterher bist du ein entschleunigter Mensch. Stück für Stück tauschst du Sorgen und Egoismus gegen Gelassenheit und Mitmenschlichkeit ein. Hast du Lust, über den eigenen Tellerrand zu blicken und die wirklich wichtigen Dinge in deinem Leben zu entdecken? Dann lade ich dich herzlich ein, mit mir gemeinsam eine spannende und amüsante Reise durch deine mentale Welt zu unternehmen.

ZURÜCK ZU DEN WURZELN

„Ich würde all meine Technologie für einen Nachmittag mit Sokrates eintauschen."

Steve Jobs, Gründer und langjähriger Chef von Apple, 1955–2011

Wir jungen (und junggebliebenen) Menschen sind die Generation TAF (Twitter/Apple/Facebook). Geprägt durch soziale Netzwerke, Smartphones und Tablets sind wir längst selbst zu kleinen Computern mit Gefühlen geworden, die rund um die Uhr online bleiben und mit E-Mails, Postings und WhatsApp-Messages gefüttert werden. Wir haben es verlernt, die Seele baumeln zu lassen und einfach mal nichts zu tun. Ein Leben ohne Smartphone, Internet und soziale Netzwerke erscheint uns kaum mehr vorstellbar.

Tummeln sich in deinem Umfeld Smombies? Zum besseren Verständnis: „Smombie" ist eine Abkürzung für „Smartphone-Zombie". Sie laufen mit ihren Freunden ... äh „Bros" ... durch die Straßen, aber sie reden nicht miteinander. Keiner von ihnen nimmt wahr, was um ihn herum passiert. Stattdessen hal-

ten Smombies den Kopf zu ihrem Smartphone gesenkt und sind damit beschäftigt, zu chatten, zu sharen und zu liken. Ihre Kommunikation beschränkt sich auf 140 Zeichen. Wenn sie doch mal aufblicken, dann blickst du in leere Augen, die kurz danach wieder in ihre Cyberwelt abtauchen. Der Begriff „soziales Netzwerk“ ist mir schleierhaft, denn alleine vor dem Tablet oder dem I-Phone abzuhängen ist doch eigentlich recht einsam, oder? Einige meiner

Single-Freunde sind derart besessen von ihren Cyberchats, dass sie vermutlich nicht bemerken würden, wenn ihr Traumtyp oder ihre Traumfrau direkt neben ihnen säße. Wir sind die am besten vernetzte und informierteste Generation aller Zeiten, aber eines hatten unsere Vorfahren uns voraus: Sie haben miteinander geredet. Mit Worten und ganzen Sätzen, meine ich. Und einander dabei sogar in die Augen geblickt. Vor Kurzem habe ich dazu einen Spruch gelesen, der mich zum Schmunzeln gebracht hat: *„Facebook ist toll, aber richtige Freunde funktionieren auch ohne Strom!"*

Was hältst du davon, wenn wir einen Deal machen? Eine „TAF"-freie Woche – ohne Fernseher, Smartphone und Tablet!? Deine erste Reaktion? Wahrscheinlich Schweißausbruch und Schnappatmung. Deine zweite Reaktion: „Geht nicht, da ich immer erreichbar sein muss!" Hm ... Dann erzähle deinem Umfeld, dass du dein Smartphone verloren hast und eine Woche lang nur über Festnetz erreichbar bist.

„Meine Chatpartner würden es mir nie verzeihen, wenn ich eine Woche lang nicht auf ihre Messages antwortete!" Was hältst du davon, wenn du deinen besten Freunden einfach mal wieder einen Brief schreibst? Handgeschrieben, mit Stift und auf schönem Papier. Du wirst erstaunt sein, wie verblüfft und geschmeichelt der Adressat auf diese außergewöhnliche Botschaft reagiert.

„Aber auf das Fernsehen kann ich beim besten Willen nicht verzichten. Nach einem anstrengenden Tag sehne ich mich nach einem entspannten Abend auf dem Sofa, um vor der Glotze abzuschalten!" Probiere es zur Abwechslung mit einem spannenden Buch oder einem Theaterbesuch, für den du auch gleich eine nette Begleitung begeistern kannst. Ich habe die „TAF“-freie Woche unlängst durchgezogen und prophezeie dir: Die ersten Tage sind die Hölle! Wie ein Junkie auf Entzug sitzt du zu Hause, lauschst dem Ticken der Küchenuhr und musterst die Struktur der Raufasertapete. Du klappst deinen Laptop auf – allzeit bereit, das alberne Projekt abzubrechen und online zu gehen. Gar nicht auszumalen, in welche Notsituationen dich die hirnrissige Selbststudie bringen kann!

Horrorszenario 1

Deine Eltern geben eine Vermisstenanzeige auf, da sie dich über dein Mobiltelefon nicht mehr erreichen können.

Horrorszenario 2

Deine Facebook-Freunde „entliken“ dich, da du nicht mehr im Chat zur Verfügung stehst.

Horrorszenario 3

Du nimmst nicht mehr Teil am Weltgeschehen, da du die abendliche Tagesschau verpasst.

Nun aber zu den schönen Seiten deines Experiments: Nachdem du dich am dritten Tag des „Projekts“ mit deinem Schicksal abgefunden hast, erwacht langsam die Kreativität in dir, und du gehst auf Entdeckungsreise. Um meine „TAF“-freie Zeit zu überstehen, habe ich meine alten Bravo-Magazine durchgesehen, die ich in meiner Kindheit regelmäßig gelesen und gesammelt habe. Stundenlang ließ ich Nenas „99 Luftballons“ aufsteigen, begab mich mit Alf auf Katzenjagd und informierte mich beim Dr.-Sommer-Team voller Scham über den „ersten Zungenkuss“ und „Heavy Petting“.

Nach meiner wilden Zeitreise durch die 1980er-Jahre musste ich mich erst einmal in der freien Natur abkühlen. *(Anmerkung: Das ist da, wo Vögel zwitschern, Bäche fließen und Bäume sprießen.)* Ich saß unter einem uralten Kirschbaum mit krummen Ästen und beobachtete Libellen, die wie fliegende Edelsteine durch die Luft tänzelten, und mir fielen die Worte des dichtenden Romantikers Joseph von Eichendorff ein: *„Wem Gott will rechte Gunst erweisen, den schickt er in die weite Welt; dem will er seine Wunder weisen, in Berg und Wald und Strom und Feld."*

Es ist abgefahren: Während es für unsere Vorfahren eine wahre Sensation darstellte, in einem Heißluftballon „In 80 Tagen um die Welt" zu reisen, surft heute jeder Halbwüchsige in 8 Sekunden durch das World Wide Web. Keine Frage: Das Internet ist eine technische Meisterleistung, das unserer Generation mannigfaltige Möglichkeiten eröffnet, von denen unsere Vorfahren nur träumen konnten. Ich bezweifle jedoch, dass wir heute glücklicher sind als damals unsere Urgroßeltern. Unsere „gehetzte Generation" hat verlernt, den Augenblick zu genießen. Stattdessen sind wir Weltmeister im „Posten" von Fotos und finden ein Ereignis erst dann wertvoll, wenn möglichst viele virtuelle Freunde den „Gefällt mir"-Button dafür drücken.

Was bringt dir also deine „TAF"-freie Zeit, außer dass deine Freunde, Familie und Arbeitskollegen dich für verrückt erklären? Sie hilft dir, den Film namens „Leben", der sich um dich herum abspielt, wieder wahrhaftig zu entdecken, und die 90 Minuten, die du auf der großen, irdischen Leinwand mitspielen darfst, sinnvoll zu gestalten.

Bud your Life!-Trainingsplan:
Zurück zu den Wurzeln

Unsere „gehetzte Generation" hat es verlernt, abzuschalten und den Augenblick zu genießen. Wir sind zu jeder Zeit online.

Verlasse deinen ‚taf'-en Alltag und verzichte darauf, voyeuristisch die Postings deiner Facebook-Freunde zu verfolgen. Widme dich deinem echten Leben.

Verzichte eine Woche lang auf Fernseher, Internet und Smartphone. Gehe auf „Entdeckungsreise" und sei erstaunt, welche neuen Schätze du aufspürst. Nutze deine kostbare Lebenszeit sinnvoll.

„ZEHN" – DIE BASICS

„Bei ‚Versenkung' denken Tibeter an Buddha, Deutsche an U-Boote."

Michael Richter, deutscher Zeithistoriker, *1952

Praktizierende Buddhisten haben sich ein Ziel gesetzt: Sie sind bestrebt, durch ihre tägliche Meditation früher oder später das „Happy End" zu erreichen. Nicht dass du diesen Begriff jetzt falsch verstehst, weil dich die asiatische Masseurin in deinem letzten Thailandurlaub gefragt hat, ob sie dir ein „glückliches Ende" bereiten soll. Das buddhistische „Happy End" geht weit über körperliche und irdische Begierden hinaus.

In erster Linie sollen dir deine täglichen Sitzungen Spaß machen. Nur so gelingt es, sie in deinen Alltag zu integrieren und regelmäßig auszuführen. Keine Angst, du musst weder zum Buddhismus konvertieren oder als Bettelmönch durch die Straßen ziehen noch stundenlang starr dasitzen und verbissen auf eine Kerze schauen.

Alles, was du benötigst:

- zwei bis drei dicke Kissen
- einen ruhigen Ort, an dem du ungestört sein kannst
- eine elastische, aber nicht zu weiche Unterlage (Bett, Sofa, Stuhl, Schemel, Matte etc.)
- einmal pro Tag ca. zehn Minuten Zeit

Zehn Minuten pro Tag! Schaffst du nicht? Glaube ich dir nicht! Hier ein paar Zehn-Minuten-Beispiele: So lange dauert es, bis die Tiefkühlpizza im Backofen aufgetaut ist (für die Feinschmecker unter uns); der Laptop hochgefahren und alle Updates installiert sind (für die Vielbeschäftigten unter uns); oder eine Werbeunterbrechung in der Primetime von RTL überstanden ist (für die TV-Junkies unter uns). Alles, was du benötigst, sind - wie oben erwähnt - ein oder mehrere Kissen, eine elastische, aber nicht zu weiche Unterlage und einen ruhigen Ort, an dem du ungestört bist. Die Kissen legst du übereinander und positionierst deinen Hintern so darauf, dass deine Hüften etwas erhöht sind und du stabil sitzt. Wenn du kannst und magst, kannst du dich in den klassischen Lotussitz begeben, bei dem du jeweils einen Fuß auf den Oberschenkel des anderen Beins legst.

Sollte dir das zu unbequem sein oder solltest du aus orthopädischen Gründen deine Füße nicht verschränken können, dann suche dir eine Position, die sich gut für dich anfühlt. Sinn und Zweck der Meditation ist es nicht, dass du dein Hüftgelenk auskugelst oder dir eine Leiste brichst. Wenn sich der klassische Lotussitz unangenehm für dich anfühlt, dann probiere es mit dem

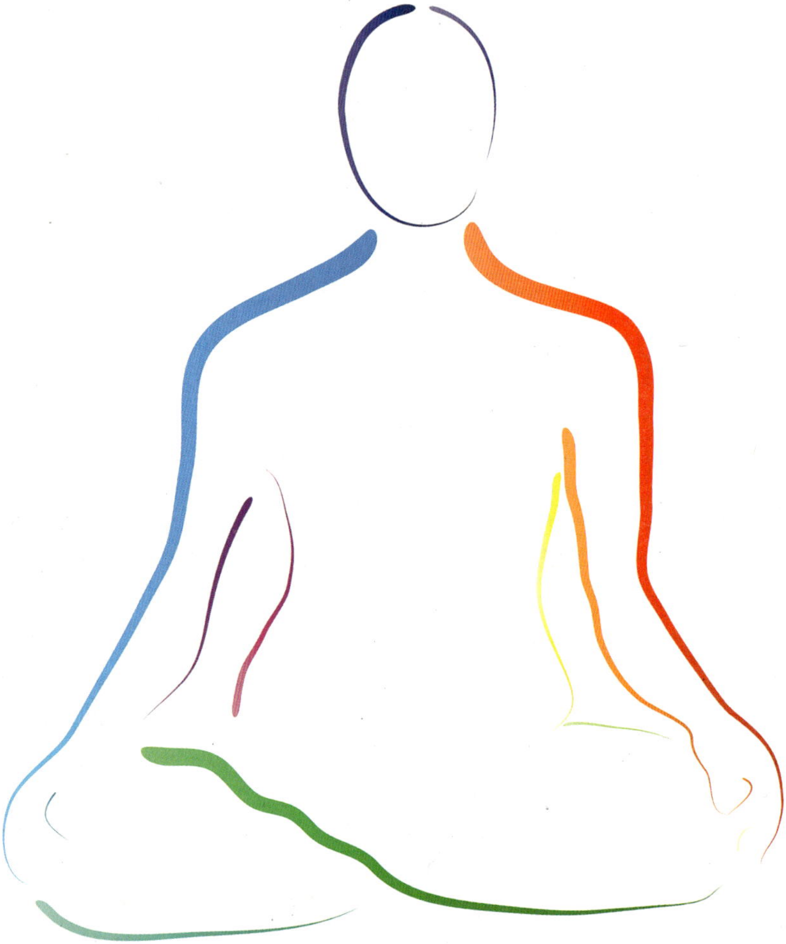

einfachen Schneidersitz oder nimm einen Stuhl oder Hocker, auf den du dich aufrecht hinsetzt. Stelle die Füße locker auf und spüre über die Fußsohlen den Kontakt zum Boden. Wichtig ist, dass die Wirbelsäule und der Kopf aufrecht sind und du nicht in dich zusammensackst und „wegschlummerst". Die Hände liegen entspannt auf den Oberschenkeln, oder du hältst die Handflächen vor deinem Bauch, unterhalb des Nabels, übereinandergefaltet. Schließe die Augen und stelle dir vor, dein Kopf, dein Rücken und deine Schultern hängen an unsichtbaren Fäden, die von einem Marionettenspieler sachte nach oben gezogen werden, allerdings ohne dabei deine Muskeln anzuspannen.

Zu Beginn geht es erst einmal darum, dir den Kopf frei zu pusten und den geballten Gedankenmüll, der sich in den letzten Tagen, Wochen und Jahren angehäuft hat, für einige Minuten zu vergessen. Besonders am Anfang ist das leichter gesagt als getan. Denn wenn du einfach nur ruhig dasitzt und dich nicht von der Stereoanlage, dem Fernseher oder deinen Kindern beschallen lässt, wirst du schnell feststellen, wie unbehaglich dir dieser „Stand-by-Modus“ vorkommt. Es kann sich dann so anfühlen, als ob eine Armee an Gedankenpanzern, Angstdrohnen und Problemgenerälen in deinen Schädel einfällt und ein regelrechtes mentales Massaker anrichtet. In unserem schnelllebigen Informationszeitalter sind wir es gewohnt, mit Anrufen, Chats und E-Mails bombardiert zu werden, sodass unser Gehirn fast schon mit Entzugserscheinungen reagiert, wenn diese Cyberattacken für wenige Minuten ausbleiben. Unser Geist hat plötzlich Stillstand. Von 180 auf 0. Und was tut er? Er rebelliert. Plötzlich kommt dir das Foto deines Exfreundes in den Sinn, das er gestern auf Facebook gepostet hat: seine neue Flamme und er. Auf Mallorca. Verliebt und eng umschlungen. Jetzt wird dir erst so richtig bewusst, wie sehr dich das verletzt hat. Oder dir fällt ein, was du dringend noch erledigen musst: Schulhefte für deinen Sohn besorgen. Einen Arzttermin für deine Mutter machen. Das Auto muss dringend in die Inspektion. Ach so, eigentlich wolltest du deinen Geist doch zur Ruhe bringen.

Stattdessen herrscht eine wahre Heuschreckenplage in deinem Kopf, die jegliche Ruhe und Gelassenheit erbarmungslos auffrisst. Ärgere dich nicht über diesen „Shitstorm". Beobachte ihn und bleibe cool. Ich stelle mir in diesen Momenten immer vor, dass mein Gehirn eine große Festplatte ist, auf der Millionen von Dateien, Programmen, Fotos, Dokumenten und Videos gespeichert sind. Nun lasse ich einen PC-Cleaner über meine Festplatte (Geist) laufen, der systematisch sämtlichen Spam (Gedankenmüll), überflüssige Dateien (unnütze Sorgen) und Viren (Verletzungen und Trauer) löscht. Dieser PC-Cleaner agiert völlig emotionslos. Er reinigt meine Festplatte und entrümpelt meinen Geist. Ich sehe ihm entspannt dabei zu. Ziel ist es, die Gedankenflut zu beruhigen und jeglichen Empfindungen – ob „gute" oder „schlechte" – für zehn Minuten keine Beachtung zu schenken. Lass diese Gedanken und Gefühle einfach kommen und gehen. Sie sind da. Das ist völlig in Ordnung.

Wenn dir das Bild von der Festplatte und dem PC-Cleaner zu abstrakt ist, dann konzentriere dich einfach auf deinen Atem. Verfolge, wie er in deinen Körper fließt, sich das Zwerchfell dabei senkt und wie sich der Atem dann wieder verabschiedet und aus deiner Nase strömt. Wenn trotzdem Gedanken in dir entstehen, dann stelle dir vor, du liegst auf einer grünen, saftigen Wiese, blickst in den Himmel und siehst deine „Gedanken-Wolken" an dir vorüberziehen. Oder: Du sitzt am Ufer eines Flusses. Es ist Sommer. Der Wind weht sanft durch dein Haar. Du hörst die Bäume rascheln und blickst auf das fließende Wasser, auf dem deine „Gedanken-Schiffchen" an dir vorbeifahren. Geh spielerisch an die Meditation heran. Probiere verschiedene Szenarien aus: der Flughafen an dem du startende und landende „Gedanken-Flugzeuge" beobachtest. Der Berggipfel, auf dem du „Gedanken-Gleitschirme" ins Tal schweben siehst. Oder die Safari in der Savanne, in der „Gedanken-Antilopen" an deinem Jeep vorüberspringen. Wichtig dabei: Du sitzt einfach nur da und betrachtest deine Gedanken, wie sie an dir vorbeiziehen, -gleiten, -springen oder -schwimmen. Du beobachtest die Gedanken, ohne sie zu bewerten, ohne dich über sie zu ärgern, ohne ihnen weiter nachzuhängen. Sie kommen und gehen. Du wirst merken, dass es dir mit der Zeit immer besser gelingt, deine Gedanken ziehen und deinen Geist zur Ruhe kommen zu lassen. Die Stille, die du im Zuge der Zehn(-Minuten)-Meditation entdeckst, hat nichts mit der üblichen „Leere" oder „Schläfrigkeit" zu tun. Es handelt sich vielmehr um eine „wache" Energie, die in jedem von uns existiert. Kraftvoll wie eine Heilpflanze lindert die „pure Energie" deinen Seelenschmerz, senkt den täglichen Stresspegel und filtert deine trübe Gedankensuppe zu einem vitalen Mineralwasser.

Du kannst dir die Meditation wie einen entspannten Tag am Meer vorstellen: Du liegst unbeschwert am feinen Sandstrand und lässt dir die wärmende Sonne auf die Haut scheinen. Zwischendurch gehst du ins Wasser, lässt dich von den Wellen treiben, um dich dann wieder dem wohligen Gefühl in der Sonne hinzugeben. Dieser Zustand ist nahezu perfekt. Du bist unbeschwert und im Reinen mit dir. Zu Beginn deines Trainings flackert dieses Wohlgefühl vielleicht gar nicht oder nur für einige Augenblicke auf. Doch wie bei allen neuen Handlungsabläufen macht auch hier die Übung den Meister. Lass dich also nicht entmutigen, wenn dir deine ersten Aufwärmübungen mühsam und ungelenk vorkommen.

Du wirst dein Leben nicht schlagartig über Nacht in glückliche Bahnen wenden. Es wird geschehen. Schritt für Schritt. Langsam werden sich neue Gedanken- und Verhaltensmuster in deinem Kopf entfalten. Du erkennst, dass du zwar nicht die Dinge und Menschen, die dir täglich begegnen, verändern kannst, sehr wohl aber die Art und Weise, wie du mit ihnen umgehst. Du spazierst gelassener, offener und warmherziger durch die Weltgeschichte. Um diesen Prozess anzustoßen und fortzuführen, ist es wichtig, die „Zehn"-Meditation regelmäßig auszuführen. Integriere die „geistige Entspannung" fest in dein Leben – geradeso wie Essen, Schlafen oder Fernsehen. Nicht umsonst bedeutet das tibetische Wort für „Meditation" auch „sich eine Gewohnheit aneignen". Lass dein mentales Training zur Gepflogenheit werden – wie die tägliche Dusche, den Sport oder das Zähneputzen. Mit der Meditation reinigst du deinen Geist. Warum ist das wichtig? Mit einem ruhigen Geist fällt es dir leichter, Probleme und Sachverhalte nüchtern zu betrachten, den Druck (in Form von Hektik und Anspannung) aus dem Kessel zu nehmen und Verständnis für deine Mitmenschen zu entwickeln. Mit der Zeit wirst du merken, dass du in schwierigen Situationen einen kühlen Kopf bewahrst und in gewisser Weise über den Dingen stehst, da du dich nicht mehr vollständig mit ihnen identifizierst.

Klar wird es auch Tage geben, an denen dir Zeit und Lust fehlen, zu meditieren. Dann setze einen Tag aus. Das ist kein Beinbruch. Oder überwinde deinen inneren Schweinehund. Du wirst sehen, dass es dir doch Spaß macht, sobald du wieder losgelegt hast. Was zählt, sind Kontinuität und etwas Elan. Bist du bereit? Auf geht's ins Trainingscamp zum wahren Glück!

Bud your Life!-Trainingsplan:
„Zehn“ – die Basics

- Organisiere dir jeden Tag ein zehnminütiges Zeitfenster, in dem du an einem ruhigen Ort ungestört meditieren kannst.

- Lege ein oder mehrere gut gefüllte Kissen übereinander. Setze dich darauf und nimm eine Position ein, in der du – ohne unangenehme Verrenkungen – deine Wirbelsäule und deinen Kopf aufrecht halten kannst.

- Schließe die Augen und schenke den aufkommenden Gedanken und Gefühlen keine Beachtung. Schicke deine Gedanken auf eine Reise in die Ferne. Sei ganz bei dir.

- „Meditation“ bedeutet auch „sich eine Gewohnheit aneignen“. Integriere das mentale Training in deinen Alltag – wie die tägliche Dusche, den Sport oder das Zähneputzen.

- Mit einem ruhigen Geiste fällt es dir leichter, Probleme nüchtern zu betrachten und in schwierigen Situationen einen kühlen Kopf zu bewahren.

DIE HEUTE-SHOW

„Wann, wenn nicht jetzt? Wo, wenn nicht hier? Wer, wenn nicht wir?"

John F. Kennedy, 35. Präsident der Vereinigten Staaten, 1917-1963

Könntest du mir bitte einen Gefallen tun? Kneife dich bitte jetzt sofort in dein linkes Ohr. Darf ich vorstellen: die Gegenwart. Der einzig wahre Moment in deinem Leben, den du jetzt gerade bewusst wahrnimmst. Sowohl deine Erinnerung an die Vergangenheit wie auch die Vorstellung, was sich in der Zukunft abspielen könnte, entbehren jeglicher Wirklichkeit. Du interpretierst, analysierst und spekulierst über zeitliche Fata Morganas, die nicht (mehr) existieren. Am besten wäre es, du würdest „die Vergangenheit" und „die Zukunft" komplett von deiner mentalen Festplatte entfernen. Es fällt jedoch schwer, Erinnerungen und Zukunftsgedanken vollkommen loszulassen. Auf zahlreiche schöne Erfahrungen möchtest du sicherlich auch gar nicht verzichten. Versuche jedoch, den Ordnern „History" (Vergangenes) und „Science Fiction" (Zukünftiges) nicht zu viel Speicherplatz auf deiner geistigen Festplatte zu überlassen, und schaffe Raum für das Wesentliche: die Gegenwart. „Die Vergangenheit ist Geschichte. Die Zukunft ein Geheimnis. Doch jeder Augenblick ist ein Geschenk" lautet ein weiser Spruch.

Stell dir vor, du hast dir eine schicke neue Digitalkamera mit Multishot-Funktion gekauft. Das ist der Modus, den Paparazzi gern benutzen, um heimlich Superstars vor ihrer Villa am Swimming Pool „abzuschießen". Du drückst auf den Auslöser, und die Kamera schießt in kürzester Zeit mehrere Fotos hintereinander: Klack - Klack - Klack - Klack ... Jedes dieser „Klacks" ist eine einzelne Einstellung. Nimm während der Meditation jedes „Klack" bewusst wahr. Schenke dabei den vorhergegangenen bzw. folgenden „Klacks" keine Beachtung. Zu kompliziert? Dann stell dir den Augenblick einfach als ein Feuerwerk an Silvester vor. Du siehst eine Rakete am dunklen Firmament in prächtigen Farben und Formationen aufblitzen und staunst „Ah!" und „Oh!". Sobald das Geschoss verglüht ist, blickst du gespannt auf den dunklen Nachthimmel, bis sich die nächste Lichtfontäne zischend und bunt über deinem Kopf ergießt. Gehe ebenso spielerisch mit deinen Grübeleien über Vergangenes und Zukünftiges um. Durch den Fokus auf das Hier und Jetzt wirfst du Ballast ab, der sich im Laufe deines Lebens in Form von Verletzungen und Ängsten in deinem Geist eingenistet hat.

Lasse deinen Geist bei deiner nächsten Zehn(-Minuten)-Meditation zur Ruhe kommen. Schenke all deinen Sorgen, aber auch deinen Erwartungen keine Aufmerksamkeit und konzentriere dich auf den Moment. Fordere dich innerlich auf, im Hier und Jetzt zu verweilen und nicht den Ereignissen nachzuhängen, die gestern geschehen sind oder die morgen passieren könnten. Höre die Geräusche in deiner Umgebung: das vorbeifahrende Autos, das Ticken der Küchenuhr, die Stimmen spielender Kinder. Nimm die Klangkulisse zur Kenntnis, bewerte sie jedoch nicht. Verharre einige Zeit in dem Zustand der gedankenlosen Leere. Beobachte deine Gedanken und Gefühle wie Leuchtraketen, die am Firmament aufblitzen und wieder verglühen. Irgendwann wirst du merken, dass immer weniger „gedankliche Explosionen" erfolgen und dein geistiger Horizont immer häufiger dunkel bleibt. Um diese Phasen der Dunkelheit, also der „gefüllten Leere" und „wachen Ruhe", geht es bei der Meditation. Danach beendest du dein mentales Feuerwerk. Ob du nun eine Flasche Sekt öffnest, um mit dir auf ein gutes Jahr anzustoßen, überlasse ich ganz alleine dir.

Je häufiger du im Zuge deiner „Zehn"-Sitzungen das „Leben im Moment" übst, desto schneller wird sich diese Einstellung auf deinen Alltag übertragen. Du merkst, wie du immer aufmerksamer und bewusster durch dein Leben gehst. Beobachte, wie du dieses Buch liest. Was machen deine Hände und Finger? Wie bewegen sich deinen Augen? Und in welcher Körperhaltung verharrst du? Werde dir bewusst, wie du Auto fährst – eine Tätigkeit, die wir im Laufe der Zeit eigentlich nur noch mechanisch abspulen, ohne uns einen großen Kopf darüber zu machen. Wie hältst du das Lenkrad? Wie fühlt es sich an, wenn dein Fuß das Pedal drückt? Nimm wahr, wie du isst. Welche Muskeln bewegen sich, wenn du einen Kaugummi kaust? Wie schmeckt es, wenn Schokolade über deine Zunge gleitet? Wie geht es dir, wenn du im Sommer auf einer Wiese liegst und deine Haut von den warmen

Sonnenstrahlen gestreichelt wird? Welche Geräusche nimmst du wahr? Oh, da drüben grillt jemand. Welche Gerüche kriechen in deine Nase? Du findest das albern? Fand ich anfangs auch! Es ist aber ein gutes Training, um in der Gegenwart zu verweilen.

Weißt du, wer meine größten Vorbilder in Sachen „Leben im Hier und Jetzt“ sind? Kinder! Sie sind wahre Meister darin, ihren Fokus voll und ganz auf den Moment zu richten. Beobachte einmal, wie vertieft kleine Kinder vor einem Zeichentrickfilm oder einem spannenden Spiel sitzen. Sie tauchen tief ein in den kindlichen „Ozean der Fantasie“ und vergessen alles um sich herum. Eine wunderbare Eigenschaft, die uns leider im Laufe des Lebens nach und nach abhandenkommt. Durch die hohen Anforderungen in der Schule, vonseiten der Eltern und später im Beruf verharren wir mit unseren Gedanken immer häufiger im „Gestern“ und im „Morgen“ und verlieren den Fokus auf den Moment. Die kindliche Leichtigkeit vermissen wir oft, wenn wir „groß“ sind. Deshalb denken wir so gern an unsere jungen Jahre zurück: keine nagenden Gedanken an verpasste Chancen oder an Enttäuschungen der Vergangenheit. Es sind die „Wenn“-Sätze, mit denen wir uns das Leben gehörig selbst vermiesen: „Wenn ich damals nicht so eifersüchtig reagiert hätte, hätte Alex nicht Schluss mit mir gemacht, und wir wären noch heute ein glückliches Paar.“ Oder: „Mein Vater ist enttäuscht von mir, wenn ich nicht in seine Fußstapfen trete.“ Das sind überflüssige Gedanken, die uns überhaupt nicht weiterbringen. Ganz im Gegenteil: Sorgen und Verzweiflung nehmen zu.

Sortiere mit Hilfe der „Zehn“-Meditation deine Gedanken. Hefte den Missmut über Vergangenes in dem Ordner „History“ ab und verschiebe deine Bedenken hinsichtlich der Zukunft in das Verzeichnis „Science Fiction“. Nutze dein frei gewordenes Potenzial und rocke die Bühne deiner „Heute-Show“.

Bud your Life!-Trainingsplan: ***Die Heute-Show***

Schärfe deine Sinneswahrnehmung. Welche Geräusche hörst du? Wie atmest du? Schenke während der Meditation aufkommenden Gedanken keinerlei Beachtung – lass sie verglühen wie Leuchtraketen eines Feuerwerks.

Beobachte Kinder! Sie verstehen es meisterlich, ihren Fokus voll und ganz auf den Moment zu lenken und alles andere um sich herum auszuschalten.

Verbanne alle „Wenn"-Sätze aus deinem Sprachgebrauch. Sie vergrößern deine Sorgen und deinen Missmut.

Hänge keinen „verpassten Chancen" und „Zukunftsängsten" nach. Starte hier, jetzt und sofort deine „Heute-Show"!

WER WIND SÄT, WIRD STURM ERNTEN

„Wenn ein Arzt hinter dem Sarg seines Patienten geht, so folgt manchmal wirklich die Ursache der Wirkung."

Robert Koch, deutscher Mediziner, 1843–1910

Hast du in einer politischen Diskussion schon einmal beobachtet, wie die Gesprächsteilnehmer aufeinander reagieren? Auf die ruhige und sachliche Ministerin, die ihre Position mit Bedacht und ausgewogen darlegt, gehen die Widersacher höflich und zuvorkommend ein, selbst wenn sie eine völlig andere Meinung vertreten. Schleudert jedoch der polternde Generalsekretär seine Argumente lautstark und rechthaberisch in die Runde, schalten auch die politischen Gegner sofort auf „Krawall und Remmidemmi". Häufig schaukelt sich der verbale Kleinkrieg zwischen den Gesprächspartnern hoch und eskaliert. Selbst die routinierte Moderatorin hat nun ihre liebe Mühe, die aufgebrachten Gemüter zu beruhigen. Die Streithähne agieren nach dem Prinzip von Ursache und Wirkung, oder wie es im Volksmund heißt: „Wie du in den Wald hineinrufst, so schallt es heraus."

Wie ein Bauer, der den Samen auf dem fruchtbaren Acker ausstreut, um später das Korn einzufahren, erhältst auch du die entsprechende Ernte aus deiner geistigen Saat. Jeder Gedanke, den du denkst, jedes Wort, das du sprichst, jedes Gefühl, das du hegst, und jede Aktion, die du ausführst, zieht eine entsprechende Re-Aktion nach sich. Der Philosoph Vasubandhu, der aufgrund seiner Weisheit im Indien des 4. Jahrhundert als „zweiter Buddha" verehrt wurde, bringt es gekonnt auf den Punkt:

„Töten führt zu einem kurzen Leben und zu viel Leid und Unheil.
Stehlen führt zu Armut.
Ehebruch führt zu Feindseligkeit.
Lügen führt zu übler Nachrede.
Verleumdung führt zu Trennung von Freunden.
Schroffheit führt dazu, Unerfreuliches anhören zu müssen.
Sinnloses Reden führt zu Missachtung unserer Worte.
Habgier führt zu Enttäuschung von Erwartungen.
Böswilligkeit bringt Angst, und falsche Sichtweise führt zu verwirrter Philosophie."

Denke an diese Worte, wenn du demnächst einmal wieder deine Freunde anflunkerst, Mitleid heuchelst, über Kollegen lästerst oder die Spesenrechnung für deinen Arbeitgeber frisierst. Nehmen wir an, du gehst jeden Morgen mit großer Abneigung an deinen Arbeitsplatz. Die Aufgaben, die dir zugeteilt sind, erfüllst du widerwillig, und deine Kollegen gehen dir auf die Nerven. Dann wundere dich nicht, wenn deine Mitstreiter keine große Lust haben, mit dir zusammenzuarbeiten und du womöglich früher oder später deinen Job verlierst. Auch wenn du deine Abscheu noch so gut kaschierst: Deine missmutigen Gedanken (Ursache) haben Auswirkungen auf deine Arbeitsmoral und das gesamte Betriebsklima. Oder nehmen wir an, es wird Frühling und du möchtest an deiner Bikini- bzw. Badehosenfigur arbeiten? Entscheidest du dich für die allabendliche Chips- und Schokoladen-Kur auf deiner Couch (Aktion), kann es passieren, dass dich am Strand die Walschützer ins Meer ziehen (Re-Aktion bzw. Wirkung). Achtest du jedoch auf deine Ernährung und treibst Sport (Ursache), purzeln die Pfunde, und der Wahl zur Miss oder zum Mister Wet-T-Shirt steht womöglich bald nichts mehr im Weg (Wirkung).

Es gibt kein Schicksal, das von einer höheren Macht über dich verhängt wird, und keine Zufälle, die dir wie Karten in einem Pokerspiel zugeteilt werden. „Gott würfelt nicht", sagte Albert Einstein und spielte damit auf die Entstehung des Universums an. Tatsächlich wirkt das Gesetz von „Ursache und Wirkung" auch in der Natur. Es hält zum Beispiel die Planeten auf ihrer Umlaufbahn und ruft auf der Erde Naturgewalten wie Tsunamis oder Tornados hervor. Alles, was in deinem Leben geschieht, basiert auf dem Prinzip von „Aktion" und „Re-Aktion". Was bedeutet das für dich? Es bedeutet, dass du die Verantwortung für dein eigenes Leben übernimmst und du viele Situationen in deinem Dasein positiv beeinflussen kannst. Deine Lebenssymphonie dirigierst du über dein eigenes Denken und Tun. Kannst du dich an die Jukeboxen erinnern, die in den 1950er- und 1960er-Jahren in vielen Bars standen? Durch den Einwurf eines Groschens konnte sich jeder Gast seinen Lieblingssong wählen und darauf tanzen, kuscheln oder weinen – je nachdem wozu ihm zumute war. Du allein bestimmst, ob der Sound deiner Lebensmelodie als dröhnender

Rock'n Roll, trauriger Blues oder schmachtende Liebesballade erschallt. Dein Lebenslied, das du Tag für Tag neu anstimmst, wird dir dann auch von deinen Mitmenschen entgegengepfiffen. Dieser „Bumerangeffekt“ sorgt für ausgleichende Gerechtigkeit im Leben. Du hast das Gefühl, von deinen Mitmenschen zu wenig Aufmerksamkeit und Zuneigung zu erhalten? Bevor du hart mit deinen Wegbegleitern ins Gericht gehst, überlege dir zunächst, wie du auf dein Umfeld wirkst. Ist es möglich, dass deine eigene Distanz und Verschlossenheit andere Menschen davon abhält, sich dir zu öffnen?

Entscheide dich für einen bestimmten, für dich stimmigen Leitsatz, nach dem du deinen inneren Kompass ausrichtest. Dein Motto kann zu deiner Richtschnur werden, wenn du im Alltag die Orientierung verlierst. Überlege dir, welche Werte und Inhalte dir wichtig sind. Du möchtest das Leben mit mehr Leichtigkeit und Humor nehmen? Der britische Komiker Charlie Chaplin sah das genauso und hatte die Devise „Ein Tag ohne Lächeln ist ein verlorener Tag". Du willst dir keinen Kopf über die Zukunft machen, sondern Spaß haben und dein Leben in vollen Zügen genießen? Dann passt vielleicht die Parole „Live fast, love hard, die young", für die sich die jungen Rebellen James Dean und Janis Joplin entschieden haben. Im Zusammenleben sind dir Toleranz, Nachsicht und Respekt wichtig? Dann wähle als Überschrift deines Daseins die Losung „Jeder soll nach seiner Façon selig werden", die vom Preußenkönig Friedrich II. stammt. Probiere für einen bestimmten Zeitraum einfach einmal aus, dich während des Tages immer wieder an deinen Leitsatz zu erinnern und seine Wirkung auf deine momentane Verfassung zu spüren. Mit der Zeit wirst du merken, dass deine Maxime dich bei allen wichtigen Entscheidungen begleitet. Er kann dich immer wieder daran erinnern, was dir wirklich wichtig ist, und weist dir den Weg.

Am besten kommst du deinen Leitlinien auf die Spur, indem du dich zunächst mit Zettel und Stift bewaffnest und deine negativen Geisteshaltungen aufschreibst. Welchen Situationen stehst du unsicher gegenüber? Gibt es immer wiederkehrende Glaubenssätze, die dich herunterziehen? Solche Sätze können zum Beispiel lauten: „Meine Kollegen sind besser als ich", „Ich schäme mich für meinen Körper", „Im Vergleich zu meinen Freundinnen schneide ich schlecht ab", „Das schaffe ich nicht", „Dazu bin ich nicht cool genug", „Ich bin ein schlechter Liebhaber", „Ich bin ein Mensch zweiter Klasse". Welche Glaubenssätze hast du dir während deines Lebens aufgrund bestimmter Erfahrungen angeeignet? Oder wurden sie dir bereits in deiner frühesten Kindheit „beigebracht"? Die meisten von uns kennen wohl Aussprüche wie: „Zuerst die Arbeit, dann das Vergnügen", „Geld verdirbt den Charakter", „Ein Indianer kennt keinen Schmerz", „Männer sind Schweine", „Hochmut kommt vor dem Fall". Das Aufspüren deiner geistigen Barrieren ist der erste wichtige Schritt, um die Bremsklötze zu lösen. Stelle jedem einzelnen niederschmetternden Gedankenmuster ein aufbauendes Modell gegenüber. Deinen ausladenden Hüften setzt du deine schönen Hände und dein sympathisches Lächeln entgegen. Den Versagensängsten hältst du deine Triumphe und Erfolgserlebnisse entgegen. Der Parole über die „Männerschweine" nimmst du den Wind aus den Segeln, indem du ihr die netten und ehrlichen Jungs in deinem Leben gegenüberstellst. Die Floskel „Geld verdirbt den Charakter" ersetzt du durch „Reichtum verleiht Freiheit". Und der „Indianer ohne Schmerz" wird kurzerhand zum „sanften Cowboy", der auch mal schwach sein darf. So verwandelst du hemmende Denkweisen nach und nach in beflügelnde Lebensvisionen.

Bringe also bei deiner nächsten „Zehn" deinen Geist zur Ruhe und widme dich deinem Lebensmotto. Stimme dich auf „gute Gedanken" wie Gesundheit, Liebe, Erfolg und Glück ein. Der Fokus, den du während deiner täglichen Meditation auf dein Wohlergehen setzt, beeinflusst deine Tageslaune grundlegend. Sei dein eigener „Lebensarchitekt" und baue dir im Geiste eine erfüllte Existenz auf. Sag Ja zu dir und deinem Dasein und verinnerliche deine Leitlinien. Wenn du diese kraftvollen Gedanken regelmäßig in deine „Zehn" einbeziehst, wirst du bald die Früchte deiner „Geistesnahrung" ernten. Du schreitest optimistischer und aufgeschlossener durch das Leben. Deine Mitmenschen spiegeln dir die gute Stimmung, die du verbreitest, und begegnen dir wohlgesinnt und offen. Was geschieht an Tagen, an denen du schlecht gelaunt bist und deine Artgenossen wie ein grimmiges Kätzchen anfauchst? Deine Freunde und Bekannten gehen dir aus dem Weg oder knurren miesepetrig zurück, was deine Laune noch weiter vermiest. Verlässt du jedoch mit einem Lächeln das Haus und bist mit dir im Reinen, dann fliegen dir alle Herzen zu. Du fühlst dich vom Leben geküsst und umarmst die ganze Welt. Und das Beste: Das Leben lächelt und knutscht zurück.

Bud your Life!-Trainingsplan:
Wer Wind sät, wird Sturm ernten

- Jeder Gedanke, den du denkst, jedes Wort, das du sprichst, jedes Gefühl, das du hegst, und jede Aktion, die du ausführst, zieht eine entsprechende Re-Aktion nach sich.

- Die Kategorien „Schicksal“ und „Zufall“ müssen nicht deinen Alltag bestimmen. Du hast die Verantwortung für dein eigenes Leben und kannst viele Situationen in deinem Dasein positiv beeinflussen.

- Entdecke deine negativen Gedankenmuster, schreibe sie auf und ersetze sie durch für dich passende Leitsätze, die mit positiven Empfindungen wie Gesundheit, Glück, Liebe und Erfolg verbunden sind.

- Experimentiere für eine Weile mit jeweils einem Leitsatz, der gerade dein Lebensmotto am besten trifft und deinem Leben Sinn verleiht. Orientiere dich an dieser Richtschnur, wenn du in deinem Alltag den Überblick verlierst.

- Dein Umfeld ist der Spiegel deines Gemüts. Umarme und küsse die Welt, und das Leben kuschelt und knutscht zurück.

Meine Erfahrungen: *Wer Wind sät, wird Sturm ernten.*

MR. PERFEKT

„Liebet eure Feinde - vielleicht schadet das ihrem Ruf."

Stanislaw Jerzey Lec, polnischer Lyriker, 1909–1966

Ich habe einen Freund namens Mr. Perfekt. Ihm fliegt alles zu. Mr. Perfekt hat von Natur aus einen athletischen Körper und ist ein absolutes Sport-Ass. Durch seine gewinnende und charmante Art, die ihm anscheinend in die Wiege gelegt wurde, hat er einen Schlag bei den Frauen und einen großen Freundeskreis. In der Schule hatte er gute Noten, galt jedoch nie als Streber, weil er einfach viel zu cool dafür war. Alles, was mein Mr. Perfekt anpackt, ist von Erfolg gekrönt. Mittlerweile ist er Chef einer großen Firma, engagiert sich in der Politik und wirkt rundum zufrieden mit sich und seinem Leben. Ich kenne ihn schon seit einer halben Ewigkeit und habe ihn in meiner Jugend oft beneidet. Während ich mich mit der hässlichen Akne herumschlug, kuschelte er mit der attraktiven Anke. Ich verglich mich ständig mit ihm und war mir sicher, dass ich immer den Kürzeren zog.

Es dauerte einige Jahre, bis ich lernte, mit mir selbst ins Reine zu kommen. Wie ein ratloser Wurm fraß ich mich durch etliche Ratgeber zur Lebenshilfe, die mir Seelenheil durch „Entrümpeln meiner Wohnung“ und „Wünsche an das Universum“ versprachen. Eine Vielzahl dieser Ratgeber empfand ich als gequirlten, amerikanischen Esoterik-Kram. Vor einigen Jahren bin ich dann auf Buddha als mein Vorbild gestoßen, der mich seither als treuer Weggefährte durchs Leben begleitet. Inzwischen hege ich für Mr. Perfekt keinerlei Neid mehr. Wenn ich mich heute mit ihm vergleiche, dann höchstens in Hinsicht auf die Anzahl der grauen Haare an unseren Schläfen, bei der er haushoch gewinnt – was ich ihm aus vollem Herzen gönne! Wir beide befinden uns auf Augenhöhe – weder darüber noch darunter.

Trübsinnige Gefühle wie Neid, Missgunst und Eifersucht stecken in jedem von uns. Wie dunkle Gewitterwolken ziehen sie von Zeit zu Zeit an deinem geistigen Horizont auf und vermiesen dir die Stimmung. Sie sind Ausdruck tiefer Unzufriedenheit. Du strebst danach, begehrter, besser und reicher zu sein als deine Artgenossen. Ein Ansinnen, das sich niemals erfüllen wird. Egal wie attraktiv du bist oder wie viel Geld du auf dem Konto bunkerst: Es wird immer Menschen um dich herum geben, die ansehnlicher, erfolgreicher und wohlhabender sind. Tückische Emotionen wie Habsucht, Groll oder Missgunst verunreinigen deine Gedanken. Sie lähmen dich, machen krank und stürzen dich ins Unglück. Auf tibetischen Abbildungen werden die Geistesgifte häufig als Hahn (Gier), Schlange (Hass) und Schwein (Verblendung) dargestellt, die in bester „Tom & Jerry“-Manier im Kreis hintereinander her jagen und sich gegenseitig in die Schwänze beißen. Deswegen solltest du alles daransetzen, den durchgeknallten Glückskillern, die nach deiner Laune schnappen, den Garaus zu machen. In tropischen Regionen gibt es große Forschungslabore, in denen hochgiftige Schlangen gezüchtet werden. Ihre Zähne presst man regelmäßig in Schwämmchen, um ihr Toxikum abzumelken. Das gewonnene Gift dient als Grundlage zur Herstellung eines Gegenserums, das jedes Jahr Tausenden von Menschen das Leben rettet, die bei Touren durch den Dschungel von eben diesen Schlangen gebissen werden. Um deinen Geist zu entgiften, musst auch du zunächst deine schädlichen Gedanken aufspüren, um daraus ein wirksames Gegenmittel anzurühren.

Um mehr Verständnis für deine Umwelt zu entwickeln, lohnt es sich, einen Blick auf die wesentlichen menschlichen Bedürfnisse zu werfen. Alle Menschen verfolgen dieselben Ziele: Sie sind bestrebt, Leid und Schmerz zu vermeiden, glücklich zu sein und von ihrer Umgebung anerkannt zu werden. Alles, was wir den ganzen Tag über denken und tun, richten wir auf diese grundlegenden Bedürfnisse aus: LGR – Leid vermeiden, Glück erreichen, Respekt bekommen. Jeder versucht diese Ziele auf seine ganz eigene Art und Weise zu erreichen. Die einen tänzeln als unterhaltsame Zirkuspferde durch die Lebensmanege (meine Schauspiel- und Moderationskollegen wissen, wovon ich spreche); andere eröffnen durch ihren unermüdlichen Forscherdrang neue Welten oder stürzen sich mit waghalsigen Sprüngen in tiefe Schluchten. Wahrscheinlich gibt es so viele unterschiedliche Möglichkeiten, nach LGR zu streben, wie es Menschen auf diesem Planeten gibt. Bist du genervt von dem prolligen Typen in deinem Fitness-Studio, der mit den Hantelscheiben um sich

wirft und beim Gewichtestemmen so laut stöhnt, als erlebte er gerade einen Jahrhundertorgasmus? Das ist seine ganz spezielle LGR-Methode. Die „Klugscheißerin", die zu jedem Thema ihren Senf beisteuert und alles besser weiß. Sie ist auf ihrem Weg zum LGR. Der Nerd, der in seiner Cyber-Welt aufgeht und immer auf dem neuesten technischen Stand ist. Sein LGR. Die pubertäre Teenagerin, die jede Aufforderung ihrer Mutter provokant weglächelt und gegen Gott und die Welt rebelliert. Ihr LGR. Letztendlich zielt unser Verhalten in der Öffentlichkeit immer darauf ab, dazuzugehören und anerkannt zu sein. Jeder Einzelne von uns hat seine eigenen Mechanismen entwickelt, um möglichst angenehm durchs Leben zu kommen und sich vor schlechten Erfahrungen zu schützen. Eine Vielzahl von Berufsgruppen lebt von unserem LGR-Bestreben: Fitnesstrainer befördern ein attraktives

Aussehen. Prostituierte erfüllen sexuelle Begierden. Bäcker stillen süße Gelüste. Sie und viele andere befriedigen unsere elementaren menschlichen Bedürfnisse. Vielleicht denkst du daran, wenn du in Zukunft verständnislos den Kopf über andere Leute schüttelst. Sicherlich begegnen dir nach wie vor tagtäglich Menschen und Situationen, die dich provozieren und auf die Palme bringen. Bevor du jedoch aus der Haut fährst, atme erst einmal tief durch. Lass nicht zu, dass die Stimmungskiller Wut und Aggression dir die Kehle zuschnüren. Letztendlich handeln unsere alltäglichen Plagegeister meist nicht absichtlich böswillig, sondern weil sie sich bis dato noch nicht mit dem Prinzip von Ursache und Wirkung auseinandergesetzt haben. Dein Wissensvorsprung hilft dir, Milde walten zu lassen und über die Irrungen und Wirrungen der Störenfriede hinwegzusehen. Zugegeben, das ist oft nicht leicht, weil sich einige Artgenossen recht sonderbare und gewöhnungsbedürftige LGRs einfallen lassen.

Wünsche im Zuge deiner nächsten „Zehn"-Meditation, wenn möglich, trotzdem allen deinen Mitmenschen Glück, Erfolg, Gesundheit und Liebe, sowohl deiner Familie und deinen Freunden als auch den Nervensägen und Feinden. Stelle dir die entsprechenden Personen bildlich vor deinem geistigen Auge vor. Du bist neidisch auf einen Kollegen, der ein fettes Auto fährt, das du dir nie leisten können wirst? Dann versuche es einmal damit, ihm von ganzem Herzen einen ganzen Fuhrpark aus Maseratis, BMWs und Porsches zuzugestehen und zusätzlich noch ein großes Parkhaus, in dem er all seine Geschosse unterbringen kann. Du bist eifersüchtig auf eine Freundin, die dir immer die attraktivsten Männer vor der Nase wegschnappt? Gönne ihr inbrünstig die gesamte deutsche Fußballnationalmannschaft und viel Durchhaltevermögen, um den Spaß auch auskosten zu können. Formuliere deine Wünsche an deine Konkurrenten nicht argwöhnisch, sondern sende die guten Gedanken ernsthaft an die betreffende Person. Übertreiben ist dabei ausdrücklich erlaubt. Durch diese Übung trainierst du Gelassenheit und Bescheidenheit. So entwickelst du dein persönliches Antiserum gegen deine Geistesgifte Hass, Gier und Verblendung. Nach und nach entwickelst du einen warmherzigen und verständnisvollen Umgang mit deinen Mitmenschen. Staunend stellst du fest, wie wertschätzend dir Personen in deinem Umfeld plötzlich begegnen. Konkurrenzdenken, Intoleranz und Missgunst lösen sich auf. So besteht eine viel größere Chance, dass du gelassen durch dein Leben schlenderst und Zufriedenheit ausstrahlst. Du bist im Reinen mit dir und deiner Umwelt und brauchst dich nicht mehr durch Statussymbole oder aufgesetztes Verhalten zu profilieren. Wundere dich nicht, wenn du plötzlich liebenswürdige Komplimente erhältst und vormals missgünstige Menschen zu Freunden werden. So etwas passiert, wenn du Giftzwergen das Antiserum „Herzlichkeit“ entgegensprühst.

Bud your Life!-Trainingsplan:
Mr. Perfekt

- Stimmungskiller wie Intoleranz und Missgunst lähmen dich. Sie machen krank und sind frustrierend.

- Spüre deine persönlichen Geistesgifte auf und gewinne aus ihnen das Antiserum „Gelassenheit".

- Wir alle befinden uns auf derselben Reise und haben dieselben Ziele: LGR – Leid vermeiden, Glück erreichen, Respekt bekommen.

- Wünsche im Zuge deiner nächsten „Zehn" sowohl deinen Liebsten als auch deinen Plagegeistern aufrichtig Glück, Gesundheit und Liebe. Stelle dir ihr Wohlbefinden bildlich vor. Übertreiben ist dabei ausdrücklich erlaubt.

- Du wirst erstaunt sein, wie aufrichtig deine Mitmenschen dir begegnen, wenn du missgünstigen Zeitgenossen das Antiserum „Herzlichkeit" entgegensprühst.

LEICHTES GEPÄCK

„Everything will be okay in the end.
If it's not okay, it's not the end."
John Lennon, britischer Musiker, 1940–1980

Keine Geschichte hat mich in meiner Schulzeit nachhaltiger beeindruckt als Joseph von Eichendorffs Novelle „Aus dem Leben eines Taugenichts". Kurz gesagt geht es darin um einen jungen Mann, der eines Morgens von seinem Vater, einem geschäftigen Müller, aus dem Haus geworfen wird. Der Vater ist stinksauer auf seinen Sohn, weil dieser immerzu in den Tag hineinträumt und ihm nicht bei der schweren Arbeit in der Mühle hilft. Er schimpft den Sohn einen Taugenichts. „‚Nun', sage ich, ‚wenn ich ein Taugenichts bin, so ist's gut, so will ich in die Welt gehen und mein Glück machen.'" Er schnappt sich seine Geige und kehrt – mit einem vergnügten Pfeifen auf den Lippen – dem kleinen, spießbürgerlichen Dorf den Rücken. Auf seiner Wanderschaft lernt der ausgelassene Zeitgenosse viele spannende Menschen kennen und gerät in jede Menge verrückter Begebenheiten. Und das

Beste dabei: Je weniger er sich einen Kopf um Geld und Sicherheit macht, desto reicher und vergnügter wird er. Mit Leichtigkeit lässt mein kleiner, literarischer Held eingefahrene Gewohnheiten los und stürzt sich begierig immerzu in neue Abenteuer. Ich wollte immer genauso sein wie dieser Taugenichts und mein Leben abwechslungsreich, frei und unkonventionell gestalten.

„Wenn du entdeckst, dass du auf einem toten Pferd reitest, dann steig ab!" lautet ein indianisches Sprichwort. Du kannst den alten, bereits vergangenen Zeiten noch so kräftig die Sporen geben – wenn etwas vorbei und abgestorben ist, geht es nicht mehr voran. Stillstand und Enttäuschung sind die Folge. Wir Menschen reagieren häufig wie störrische Hunde, die sich in vertraute Knochen verbeißen. Je massiver das Leben an unseren gewohnten Abläufen zerrt, desto hartnäckiger halten wir an ihnen fest.

Das Loslassen fällt besonders schwer, wenn du einen vertrauten Trampelpfad gegen einen unbekannten Lebensweg eintauschen sollst. Wenn zum Beispiel dein Kind nach bestandenem Schulabschluss dem elterlichen Haus den Rücken kehrt und die erste eigene Wohnung bezieht; wenn du deine langjährige Arbeit und die gewohnten Mitarbeiter gegen eine neue Anstellung und dir noch fremde Kollegen eintauschen sollst; wenn dein Lebenspartner dich nach einer langjährigen Ehe alleine zurücklässt. Es ist die Ungewissheit, die dich wurmt. Ob Gesundheit, Partnerschaft oder Jugend: Die Bedeutung dieser Alltäglichkeiten wird dir erst bewusst, wenn sie dir abhandenkommen. Plötzlich siehst du dich mit den Themen Krankheit, Alter und Einsamkeit konfrontiert.

Wenn du dich an einem solchen Punkt befindest – und wir alle kommen früher oder später in solche Situationen –, dann halte an und beginne damit, dir anzuschauen, welche Möglichkeiten aus veränderten Bedingungen erwachsen können. Das Ende einer Partnerschaft birgt die Chance, alte Kontakte wiederzubeleben oder dich neuen, spannenden Begegnungen zu öffnen. Das Loslassen deines Kindes bietet dir die Gelegenheit, nach Jahren der persönlichen Entbehrung wieder an dich und deine Interessen zu denken. Es müssen gar nicht sofort die ganz großen Schritte sein. Beginne zunächst mit einfachen Dingen: Lass dich bei einer ausgiebigen Ölmassage verwöhnen. Triff dich mit Freunden und bleibe bis tief in die Nacht, wenn dir danach ist, ohne dich zwecks familiärer Verpflichtungen vorzeitig verabschieden zu müssen. Überlege dir, welche Ecken der Welt du immer schon sehen wolltest, und erkunde unseren wunderschönen Planeten – es genügt ja vielleicht schon, wenn du an einem Fleckchen in deiner Nähe damit anfängst. Du siehst: Wie du mit dem Ende einer vertrauten Phase umgehst, hängt stark von deinem Blickwinkel ab, aus dem du die neue Situation betrachtest. Vielleicht entdeckst du in deinem Neubeginn sogar so etwas wie Neugierde und ein Freiheitsgefühl.

Eine der anspruchsvollsten Aufgaben in unserem Leben ist die Pflege zwischenmenschlicher Beziehungen. Gerade von Menschen, denen du nahestehst, erwartest du, dass sie dir ihre volle Zuwendung zukommen lassen. Werden die hohen Anforderungen von deinen Liebsten nicht erfüllt, bist du verletzt und kämpfst verbissen um deinen Stellenwert. Wenn dein Lebensgefährte eure Beziehung nach einigen Jahren monoton und langweilig

findet und sich nach Abwechslung sehnt, dann drohe ihm nicht gleich mit Trennung, sondern höre ihm erst einmal aufmerksam zu. Prüft nüchtern und sachlich, ob ihr euch beide - vielleicht mit anderen „Spielregeln“ - eine gemeinsame Zukunft vorstellen könnt. Mach deinem Liebsten klar, dass du ihn nicht zwingen wirst, bei dir zu bleiben. Lass ihn los und schenke ihm seine (Entscheidungs-)Freiheit. „Was du liebst, lass frei. Kommt es zu dir zurück, gehört es dir - für immer!“ lautet ein Zitat des chinesischen Philosophen Konfuzius. Ich bin überzeugt, dass du in allen deinen zwischenmenschlichen Beziehungen deinem Gegenüber mit Respekt und Nachsicht begegnen solltest. Egal ob Vater, Tochter, bester Freund, Kollegin oder Liebespartner: Presse deine Mitmenschen in kein Korsett, das ihnen die Luft zum Atmen nimmt. Lass ihnen ihre Meinungen, Macken und Einstellungen, auch wenn es dir schwerfällt, sie nachzuvollziehen. Mit dieser Einstellung beweist du wahrlich Größe und Unabhängigkeit. Dieses „Beziehungsrezept“ funktioniert auf lange Sicht leichter - und schmeckt besser - als Verbote, Vorwürfe und Machtspielchen. Sei aber auch konsequent, wenn du bemerkst, dass deine Liebsten dein Vertrauen ausnutzen oder die Zuneigung erlischt. „Das Leben ist kein Ponyhof“ heißt es oft, und manchmal musst du leider einsehen, dass sich dein ehemals wilder Hengst im Laufe der Jahre eher in Richtung eines müden Ackergauls verwandelt hat. Ich gebe zu, der Vergleich ist gemein, aber doch auch treffend, wenn ich an das Desinteresse und die fehlende Aufmerksamkeit in manchen Beziehungen denke. Was ich damit sagen will: Wenn du erkennst, dass eine zwischenmenschliche Beziehung oder eine spannende Zeit kein Leben mehr in sich trägt, dann steige ab, lass los und wechsle den Ponyhof. Mir ist klar, dass es meist eine Menge Kraft kostet, eine lieb gewonnene Beziehung loszulassen.

Nun aber rauf auf das Kissen und los geht's: Mache deinen Geist „clean“ und widme dich dem „Loslassen“. Du befürchtest, dass dein Partner dich betrügt? Lass deine quälende Eifersucht los. Du bist nervös vor dem Jahresgespräch mit deinem Chef, da deine Firma in letzter Zeit massiv Stellen abbaut? Schaue dir deine Existenzangst an und versuche, ob du dazu ein wenig Abstand bekommen kannst. Du sorgst dich um deine Tochter, weil sie zum ersten Mal alleine eine Rucksacktour durch Thailand macht? Lass deinen Kontrollzwang los. Das soll nicht heißen, dass du dir jegliches unangenehme Gefühl „abschneiden“ sollst, sondern bedeutet einfach, dass du etwas „Luft“ zwischen dich und die Sorgen, die Eifersucht etc. bekommst und nicht vollständig damit identifiziert bist.

Stelle dir dafür bildlich vor, wie du in einen Heißluftballon steigst, an dem viele schwere Sandsäckchen baumeln. Um mit deinem schönen Ballon in luftige Höhen aufzusteigen, musst du während deines „Zehn“-Fluges Ballast abwerfen. Benenne deine Sandsäckchen nach Themen, die dich gerade beschäftigen: „Mein Schatz betrügt mich“. Nimm das Säckchen und wirf es über Bord. „Angst vor dem Arbeitsplatzverlust“ – Lass den Beutel fallen. „Die abenteuerlichen Urlaubspläne der Tochter“ – Lass das Sorgenpäckchen los. Jetzt merkst du, wie du gehörig Auftrieb bekommst. Nach und nach wirst du feststellen, wie dein Heißluftballon in ungeahnte Höhen aufsteigt. Dort ist die Luft rein und gut. Und von oben betrachtet wirken deine Befürchtungen, aber auch all die Erwartungen auf einmal viel kleiner. Du ruhst in dir und bekommst einen Blick für das große Ganze. Lass deinen imaginären Heißluftballon jeden Tag aufs Neue starten und wirf die „Angstsäckchen“ über Bord. Mit der Zeit wird es dir gelingen, mehr und mehr Ballast abzuwerfen und in sorgenfreie Sphären aufzusteigen. Die Fähigkeit, über deinen Tellerrand zu blicken und in neuen Möglichkeiten spannende Chancen zu sehen, bereichert und beflügelt dich. So gelingt es dir immer besser, Menschen und Situationen loszulassen und dein Leben unabhängiger zu gestalten. Von nun an streifst du mit leichtem Gepäck durch die Welt. Oder um es mit den Worten des Taugenichts auszudrücken: „Ich hatte recht meine heimliche Freude, als ich da alle meine alten Bekannten und Kameraden rechts und links, wie gestern und vorgestern immerdar, zur Arbeit hinausziehen, graben und pflügen sah, während ich so in die freie Welt hinaus strich. Ich rief den armen Leuten nach allen Seiten recht stolz und zufrieden Adjes zu, aber es kümmerte sich eben keiner sehr darum. Mir war es wie ein ewiger Sonntag im Gemüte.“

Bud your Life!-Trainingsplan:
Leichtes Gepäck

„Wenn du entdeckst, dass du auf einem toten Pferd reitest, dann steig ab!" Ergreife die Möglichkeiten, die dir noch unbekannte Lebenswege eröffnen, und verlasse alte Trampelpfade.

Presse deine Mitmenschen in kein Korsett und gestatte ihnen ihre Macken und Meinungen. „Was du liebst, lass frei. Kommt es zurück, dann gehört es dir!" Diese Einstellung verleiht dir Größe und Unabhängigkeit.

Lasse deine Befürchtungen, aber auch deine Erwartungen los. Wirf bei deinem nächsten „Zehn"-Flug den Ballast wie die Sandsäckchen deines imaginären Heißluftballons von Bord und steige in sorgenfreie Sphären auf.

DER ROTE FADEN

„Das ganze Leben ist ein Quiz, und wir sind nur die Kandidaten."

Hape Kerkeling, deutscher Komiker, Autor und Moderator, *1964

Ich stelle mir das Leben wie einen großen, roten Wollpullover vor, der aus einem einzigen, zusammenhängenden Faden gestrickt ist. Jede Faser ist mit der anderen verbunden, keine Masche kann ohne die nächste bestehen. Auch im Weltall herrscht eine „Strickliesel", die alles zusammenknüpft und dafür sorgt, dass die Planeten auf ihrer Umlaufbahn bleiben. Dieses „universelle Ordnungsamt" hat unsere wunderbare Erde erschaffen und sie mit einer prachtvollen Tier- und Pflanzenwelt ausgestattet. Es hat dem Menschen auf die Beine geholfen und Leben eingehaucht. Verschiedene Glaubensrichtungen haben im Laufe der Geschichte unterschiedliche Begriffe für diesen „Chefdesigner" gefunden. Doch wie man ihn auch nennen mag – ob „Gott", „Allah" oder „Master of the Universe" – letztendlich ist immer ein- und dieselbe übergeordnete Urkraft gemeint, aus der alles entspringt, wächst, gedeiht und wieder vergeht.

Das „übergeordnete Architekturbüro“ baut Brücken, über die du mit sämtlichen Geschehnissen und Menschen verbunden bist. Deine Gedanken sind die Ziegelsteine, deine Ambitionen der Zement. Deine ausgesandte Energie (und nichts anderes sind Gedanken) verbindet sich mit ähnlichen Denkmustern und konstruiert ein entsprechendes Baugerüst.

Auf diese Art und Weise wirst du zu deinem eigenen „Glücksdesigner“. Die natürliche „Schaltzentrale“, die deine Wünsche und Bedürfnisse koordiniert, lässt sich jedoch nicht gerne Vorschriften machen. Bei ihr musst du diplomatisch vorgehen. Gehe daher behutsam vor und falle nicht gleich mit der Tür ins Haus. Gib deinen Zielen eine Richtung, beharre aber nicht auf einem vorgefertigten Endergebnis. Klingt kompliziert? Ich gebe dir ein

Beispiel: Eine meiner Schauspielkolleginnen - nennen wir sie Lizzy - hat sich seit etwa zehn Jahren in den Kopf gesetzt, eine tragende Rolle in einem internationalen Kinofilm zu übernehmen. Im deutschen Filmgeschäft sieht sie sich so ganz und gar nicht. Das Problem ist, dass Lizzy sich ihr ambitioniertes Ziel so sehr in den Kopf gesetzt hat, dass sie alle anderen sich bietenden Angebote ausschlägt, weil sie sich nicht „unter Wert" verkaufen möchte. Die Gastrolle in einer Soap-Opera lehnt sie ab, weil sie dadurch in einer bestimmten Schublade landen und ihren Aufstieg zum internationalen Kinostarlet gefährden könnte. Ein Theaterengagement schlägt sie aus, da sie dadurch zeitlich zu stark gebunden wäre und womöglich wichtige Castings verpassen könnte. Und ein „normaler" Job als Kellnerin kommt für Lizzy nicht infrage. Als arbeitslose Schauspielerin von einem Produzenten beim Servieren seines Schnitzels erkannt zu werden, wäre für sie die größte Schmach. Drei Mal darfst du raten, wie nahe sie ihrem Kinotraum in den letzten Jahren gekommen ist!? Ein wenig erinnert mich Lizzy an eine tragische Figur aus einem der Stücke des russischen Dramatikers Anton Tschechow. Seine „Helden" ergehen sich häufig in ihrem Selbstmitleid und schmachten nach einem besseren Leben. Sie sind jedoch nicht in der Lage, sich auf ihren Hosenboden zu setzen und aktiv an ihren hochtrabenden Zielen zu arbeiten. So bleiben sie bis zum Ende frustrierte Gefangene ihrer Situation. Um es auf Lizzys Situation zu übertragen: Anstatt andere Alternativen auszuprobieren, beharrt sie stur auf ihrem Masterplan. Das „universelle Ordnungsamt" lässt sich aber nicht in Geiselhaft nehmen. Durch gesundes Engagement und Disziplin kommst du deinen Ambitionen ein gutes Stück näher. Sei dir bewusst, dass jede Erfahrung auf dem Weg dorthin von Nutzen ist. Nehmen wir an, Lizzy spränge über ihren Schatten und nähme den Kellnerjob an: Sie könnte dabei ihre Fähigkeiten schulen, offen und gewinnend auf andere Menschen zuzugehen. Womöglich würde ihre hübsche Erscheinung einem Regisseur auffallen, der sie zum Casting eines neuen Projekts einlädt. Durch ihre Engagements in einer Soap-Opera oder Auftritte im Theater könnte Lizzy unschätzbare Erfahrungen im Umgang mit der Kamera sowie (Bühnen-)Präsenz sammeln. Was ich damit sagen will? Behalte deine Träume im Auge, stürze dich aber mit Elan auf alle Chancen, die sich dir auf dem Weg dorthin eröffnen. Das Leben ist (abgesehen vom Ponyhof) auch eine Wundertüte, und häufig werden aus bitteren Pillen im Nachhinein die buntesten und süßesten Bonbons.

Überlege dir, welche Ziele du gerne in deinem Leben verwirklichen möchtest. Wenn du magst, kannst du deinen „Wunschzettel" auch mit entsprechenden Fotos bebildern, die du dir aus Zeitschriften oder aus dem Internet holst. Leg die Liste mit deinen Wünschen und Bestrebungen in einen Umschlag, den du ein Jahr später wieder öffnest. Mache dir dafür eine Notiz in deinen Kalender, damit du das Datum nicht vergisst, und „stricke" in der Zwischenzeit an deinem roten Faden weiter. Beim jährlichen Check deiner „Wunschbilanz" wirst du erstaunt sein, wie viele deiner Ambitionen in dieser Zeit konkrete Formen angenommen haben. Vielleicht nicht exakt, wie du es dir vorgestellt hast, aber ähnlich oder sogar noch besser. Sei dir im Klaren darüber, wohin du in deinem Leben möchtest. Dann versiegelst du die Ideen in deinem „Hinterstübchen" und legst sie beiseite. Vertraue darauf, dass dein „übergeordnetes Wunschbüro" den Rest erledigen wird. Es baut dir Verbindungen und öffnet Türen. Dein Job ist es, mit wachen Augen durchs Leben zu gehen, die Brücken zu erkennen und durch Pforten beherzt hindurchzuschreiten.

Du bist Single und wünschst dir nichts sehnlicher, als den Partner zu finden, mit dem du den Rest deines Lebens verbringen kannst? Sicherlich hast du eine Vorstellung, wie Mr./Mrs. Right sein sollte: nicht zu dick und nicht zu dünn, Nichtraucher, kinderlieb, das Aussehen so ähnlich wie George Clooney (oder wahlweise Jennifer Lawrence). Puh, ganz schön heftig, was dein neues „Schnittchen" alles mitbringen muss, bevor du es vernaschst. Womöglich musst du unsere Milchstraße verlassen, um Super(wo)man zu finden. Ich denke, es wäre hilfreicher, dein Bedürfnis nach Nähe und Zuneigung ganz allgemein auf eine „aufrichtige Beziehung mit einem liebevollen Partner" zu richten. Stelle dir während deiner nächsten „Zehn" vor, wie du das Kribbeln im Bauch empfindest, wenn du deinem Traumtyp gegenüberstehst, ohne eine konkrete (optische) Vorstellung von ihm zu entwickeln. Lass dein Begehren dann los und lass dem „universellen Wunschbüro – Abteilung: Liebe, Sex und Zärtlichkeit" freien Lauf. Glaube mir, es wird Verblüffendes in deinem Leben passieren, und zwar höchstwahrscheinlich an einem Tag und einem Ort, an dem du am wenigsten damit rechnest. Und garantiert sieht dein Goldschatz völlig anders aus, als du ihn dir in deinen kühnen Träumen vorgestellt hast. Das Leben geht häufig seltsame Wege. Wenn am Ende etwas Gutes dabei herauskommt, soll's mir recht sein.

Bud your Life!-Trainingsplan:
Der rote Faden

Das „übergeordnete Architekturbüro“ baut Brücken, über die du mit Denkmustern anderer Menschen verbunden bist. Deine Gedanken sind die Ziegelsteine, die du durch deine Ambitionen zementierst.

Notiere deine Ziele auf einer Liste und bebildere sie. Bewahre deinen „Wunschzettel“ in einem Umschlag auf und unterziehe ihn einem jährlichen Check. Du wirst erstaunt sein, wie konkret sich dein „roter Faden“ weiterspinnt.

Sei dir über dein Bestreben im Klaren, beharre jedoch nicht auf einem festgelegten Endergebnis. Gib deinen Anliegen eine Richtung und überlasse den Rest dem „universellen Wunschbüro“.

Gehe mit wachen Augen durch dein Leben. Ergreife mit Elan alle Chancen, die sich dir bieten. Das Leben ist eine Wundertüte. Die bitteren Pillen entpuppen sich häufig als die süßen Bonbons.

EGO IS MUS

„Wenn man nicht mehr im Mittelpunkt des eigenen Lebens steht, ist man frei."

Richard Gere, US-amerikanischer Schauspieler, bekennender Buddhist, *1949

Gibt es in deinem Umfeld einen „Egomaten"? Egal mit wie viel Zuwendung du ihn fütterst, er dudelt nur sein eigenes Lied und denkt gar nicht daran, Interesse an seinem Gegenüber auszuspucken. Seine Knöpfe blinken bunt und extrovertiert, und du knackst den Jackpot, wenn du ihn nach seinen Erlebnissen, seinem Ärger und seinen Meinungen fragst. Kommst du ihm mit deinen belanglosen Geschichten in die Quere, schrillt sofort die Alarmglocke – „Game is over". Entscheidungen trifft der Egomat nach dem simplen Plan: „Was nutzt mir selbst am meisten?". Frei nach dem Motto: „Wenn jeder an sich denkt, ist an alle gedacht." Seine Sensoren für seine Umwelt sind verkümmert, denn seit langer Zeit dreht sich alles nur um ihn.

Was treibt dich in deinem Leben an? Das Ziel reich zu werden, um dir ein schickes Häuschen am Stadtrand leisten zu können? Du bist überzeugt, dass du nur so ein erfülltes Familienleben führen kannst? Hast du den Drang, die attraktivsten Männern und/oder Frauen flachzulegen? Erst dann findest du dich begehrenswert? Oder willst du die Karriereleiter ganz nach oben klettern, um Ruhm und Ansehen zu gewinnen? Egal, was es auch ist: In der Regel dienen eigennützige Ziele dazu, das Selbstwertgefühl aufzuwerten. Aber benötigst du dazu tatsächlich „Hilfsmittel" wie ein großes Haus, Sex mit attraktiven Menschen oder den ultimativen Erfolg? Die „Queen of Pop" Madonna widmet sich in ihrem Lied „American Life" diesem Thema; hier ein Ausschnitt in deutscher Übersetzung:

Ich hab 'nen Anwalt und 'nen Manager,
'nen Agenten und 'nen Koch,
drei Kindermädchen, einen Assistenten
und 'nen Fahrer und 'nen Jet,
einen Trainer und einen Butler,
und einen Leibwächter oder fünf,
einen Gärtner und einen Stylisten,
Glaubst du, dass ich zufrieden bin?

Das große Glück, das du dir in deinen kühnen Träumen vorstellst, verliert häufig schnell an Reiz, sobald du es erlangt hast. Manchmal wird das Hochgefühl sogar zur Qual.

Widmen wir uns dem Lieblingsthema der Deutschen, dem Wetter. Nach einem harten Winter hast du dicke dunkle Ränder unter den Augen. Die ständige Dunkelheit, das schmuddelige Wetter und die Kälte schlagen aufs Gemüt. Du lechzt förmlich nach Sonne und Wärme und jauchzt dann geradezu vor Freude, wenn der Sommer endlich wiederkommt und das Thermometer sogar die 30-Grad-Marke knackt. Kurze Hosen, Tanktop, Flip-Flops – ein Lebensgefühl wie am Miami Beach. Die Sonne streichelt dein Gesicht, und deine eingefrorene gute Laune taut regelrecht auf. Dieser Zustand sollte nie vergehen. Doch was passiert, wenn die Sonne zwei Wochen lang auf dich herabscheint? Deine Stimmung kippt. Der Kopf glüht, und du fühlst dich mürbe und schlapp. Die Schweißperlen rinnen in Bächen über dein Gesicht. Arbeitstage werden zur unerträglichen Tortur. Die tropischen Nächte rauben dir den Schlaf. Du sehnst dich nach einem schattigen Plätzchen und wünschst dir inständig, dass die unerträgliche Hitzewelle möglichst rasch ein Ende nehmen möge. Gegen ein kräftiges Sommergewitter und ein ausgiebiges Tief hättest du nichts einzuwenden. Merkst du was? Das vermeintliche Glücksgefühl wird plötzlich zur lästigen Strapaze, wie ein Ohrwurm, der im Radio rauf- und runtergespielt wird und dessen du nach einem Monat überdrüssig bist.

Es klingt paradox, aber immer wenn das Glück in deinem Leben überhandnimmt, steigt es dir zu Kopf und verdirbt deine Laune. Dasselbe gilt für dein Streben nach materiellen Dingen. In deiner Vorstellung siehst du dich als vollkommener Mensch, wenn du deine eigennützigen Ziele erreicht hast. Aber was passiert, wenn du sie verwirklichen kannst? Du freust dich einen Moment lang über das funkelnde Collier, dein neues Smartphone und den Fün-

fer im Lotto. Vielleicht hält die Euphorie sogar einige Tage an. Und dann? Der Freudentaumel ebbt ab, wird zur Gewohnheit, und du brauchst dringend einen neuen „Kick".

Die Seifenblase deiner egoistischen Begierden zerplatzt schnell. Alle Statussymbole – egal ob ein dickes Bankkonto, ein jugendlicher Teint oder tausend „Facebook-Freunde" – sind vergänglich. Es ist auf Dauer ganz schön frustrierend, Anerkennung und Freunde ausschließlich in Äußerlichkeiten zu suchen. Damit erlangst du eine Lebensfreude mit extrem geringem Haltbarkeitsdatum. Mancher Joghurt in deinem Kühlschrank hält sich länger.

Am besten, wir zerlegen deinen Egomaten einmal in seine Einzelteile. Dein Ego ist weder angeboren noch dein echter „Markenkern". Dein Ich eignest du dir im Laufe deines Lebens an. Als Vorlagen dienen häufig deine Eltern, deine Lieblingsserien im Fernsehen und die „Dos and Don'ts“ innerhalb deines Freundeskreises. Dein Umfeld hilft gehörig mit beim Entwurf der großen „Ego-Show“. Doch jetzt wird es etwas kompliziert: Buddhisten sind der Meinung, dass wir Menschen in Wahrheit gar kein Ego besitzen; vielmehr sei es ein von uns entworfenes Selbstbild, das aber eben keinen festen „Kern“ habe, sondern sich fortwährend verändere. Kein Lebewesen kann aus sich selbst heraus existieren. Du trägst keinen zentralen Chip in dir, aus dem alles entspringt und der alles verwaltet. Dein Erscheinungsbild ist in Wahrheit eine Ansammlung von vielen Komponenten: Muskeln, Knochen, Organe, Haut etc. – kombiniert mit Gefühlen, Ideen, Gewohnheiten usw. Erst ihr Zusammenwirken gibt dir die Gestalt und das Antlitz eines Menschen.

Nehmen wir an, du müsstest einem Außerirdischen den Ozean erklären. Wahrscheinlich würdest du zunächst alle Bestandteile aufzählen, aus denen der „große Teich“ besteht: ein gigantisches Becken, das mit Wasser gefüllt ist und in dem verschiedene Salze enthalten sind. Ein faszinierendes Ökosystem, das Fischen, Walen, Korallen und den unterschiedlichsten Pflanzen als Lebensraum dient. Auf der Oberfläche bilden sich mächtige Wellen, und es können Schiffe darauf fahren. Es gibt keinen einzelnen Wesenskern, der „das Meer“ beschreibt. Vielmehr besteht es aus einer Vielzahl von Bauteilen, die – als Ganzes betrachtet – den Ozean ergeben. Entsprechend ist der Mensch „gebacken“ aus körperlichen Zutaten sowie einigen geistigen Beigaben, wie individuellen Erfahrungen und Ansichten, die sich im Laufe des Lebens verändern.

Dein Bild von dir selbst basiert also auf einer Vorstellung, einer Illusion. Schreibe nach deiner nächsten „Zehn" einmal auf, wie du dich selbst siehst. Wie würdest du dich jemandem beschreiben, der dich nicht kennt? Was ist dir wichtig? Wer oder was hat dich in deiner Kindheit geprägt? Werde dir bewusst, dass dein Ich in Wahrheit nur ein kleiner, umzäunter Schrebergarten ist, den du dir selbst mit prachtvollen Blumen oder wucherndem Gestrüpp bepflanzt hast. Um zu den weiten Auen und saftigen Wiesen deiner wahren Natur vorzustoßen, musst du zunächst den Zaun deines Vorgartens überwinden. Das heißt aber nicht, dass du ihn gleich umreißen musst! Du kannst dich vielleicht einfach erst einmal an den Zaun lehnen und ein wenig in die Weite schauen oder es mit kürzeren Spaziergängen ausprobieren, etwa mithilfe der „Zehn". Dein volles Potenzial bringst du nur in einem intakten Umfeld zur Wirkung. Sieh dir deine Familie, deinen Freundeskreis und deine Arbeit an. Fühlst du dich in deiner Umgebung gefördert und gut aufgehoben?

Stelle dir vor, du bist eine Welle inmitten des Ozeans. Deine ureigene Kraft kommt nur im Zusammenspiel mit dem Meer perfekt zur Geltung. Hier läufst du zur Höchstform auf und entfaltest deine Vitalität. Du wirst zum Surfer, der auf der „perfekten Welle" reitet. Oder wie der Delfin, der sich auf offenem Meer vergnügt in die Gischt wirft. Durch den Einklang mit dir selbst und im harmonischen Zusammenwirken mit deiner Umwelt findest du Power, Freude und Sinn. Dieses Geschenk erhältst du ganz ohne materielle und egoistische Begierden.

Bud your Life!-Trainingsplan:
Ego is Mus

Immer wenn äußerliche Errungenschaften in deinem Leben überhandnehmen, steigen sie dir zu Kopf und verderben dir auf lange Sicht die Laune.

Materielle und egoistische Begierden führen zu Glück mit extrem kurzen Haltbarkeitsdatum. Die Folgen sind Enttäuschung, Frust und Unzufriedenheit.

Die Vorstellung von deinem „Ich“ ist eine Selbsttäuschung, die du dir im Laufe deines Lebens aneignest. In Wahrheit besteht dein Ego aus einer Vielzahl unterschiedlicher Bauteile, die sich auch noch andauernd verändern.

Schreibe nach deiner nächsten „Zehn“ auf, wie du dich selbst siehst. Werde dir bewusst, dass dein „Ich“ in Wahrheit nur ein kleiner, umzäunter Schrebergarten ist, den du dir selbst bepflanzt hast. Taste dich mit Hilfe der „Zehn“ zu den weiten Auen deiner wahren Natur hervor.

Dein volles Potenzial entfaltest du inmitten einer Umgebung, in der du dich wohl und gut aufgehoben fühlst. Das verleiht deinem Leben Power und Sinn.

FAIR PLAY

„Wir waren ein Team: Wir arbeiteten zusammen, wir lösten Probleme gemeinsam, und schließlich erreichten wir zusammen den Gipfel.“

Sir Edmund Hillary, neuseeländischer Bergsteiger und erster Mensch auf dem Mount Everest, 1919-2008

Wir alle sitzen auf einem überdimensionalen Dampfer namens Erde und rauschen gemeinsam durch die Galaxie. Wir gehen an Bord, treffen unsere Eltern, Verwandten und Spielkameraden. Wir sind überzeugt, dass sie immer mit uns reisen werden. Doch in irgendeinem Hafen steigen sie aus, und wir müssen unsere Reise allein fortsetzen. Neue Passagiere kommen an Bord, von denen einige zu Freunden, vielleicht sogar zu Liebespartnern werden. Sie alle hinterlassen eine große Leere, wenn sie das Schiff vor uns verlassen. Es ist eine Reise freudiger Begrüßungen, schöner Erlebnisse und trauriger Abschiede. Wann der Hafen kommt, in dem wir von Bord des Dampfers gehen müssen, wissen wir nicht. Ob unsere Mitreisenden erleichtert aufatmen oder uns vermissen werden, wenn wir das Schiff namens Erde verlassen, bestimmen wir durch unser zwischenmenschliches Verhalten.

Wenn wir über einen längeren Zeitraum mit denselben Reisenden auf engstem Raum unterwegs sind, ist es wichtig, dass nicht jeder nur sein eigenes Ding durchzieht, sondern wir uns untereinander abstimmen und koordinieren, sonst wird die Reise ungemütlich und chaotisch. Womöglich kollidieren wir sogar und erleiden Schiffbruch. Wir wollen aber in der Regel keinen gefährlichen und risikoreichen Trip mit dem Speedboat. Die meisten von uns sehnen sich vielmehr nach einer harmonischen Luxuskreuzfahrt auf dem „Traumschiff".

Neulich in einer Münchner Bar: Es ist Samstagabend, und es herrscht dichtes Gedränge um den Tresen. Mir tut der hoffnungslos überlastete Barkeeper leid, aber auch ich habe Durst und warte schon seit geraumer Zeit darauf, ein Bier zu bestellen. Anstatt - wie die anderen Gäste - zu quengeln und zu drängeln, schließe ich mich kurzerhand mit meinem wartenden Barnachbarn zusammen. Nach einer kurzen Kennenlernphase entscheiden wir, uns an zwei unterschiedlichen Punkten der hufeisenförmigen Bar zu positionieren. Wir schließen einen Pakt: Derjenige, der als Erster die Aufmerksamkeit des Barkeepers auf sich zieht, bestellt für den anderen einen Drink mit. Binnen kurzer Zeit gelingt es mir an meinem neuen Standort, dem Kellner zwei Bier abzuringen. Mit stolz geschwellter Brust gehe ich zu meinem neuen Bekannten und gebe diese Runde Bier für uns aus. Den ganzen Abend über prosten wir uns zu und freuen uns über unser kleines gemeinsames „Bier-Erlebnis".

Ein Abenteuer der ganz anderen Art erlebte Sir Edmund Hillary. Er bezwang als erster Mensch den Mount Everest. Nach der Rückkehr von seiner waghalsigen Tour wurde Hillary von einem Journalisten gefragt, ob er oder sein Bergführer, der Sherpa Tensing Norgay, als Erster den höchsten Berg der Welt erklommen habe. Die Antwort des Abenteurers ging in die Geschichte ein: „Wir waren ein Team: Wir arbeiteten zusammen, wir lösten Probleme gemeinsam, und schließlich erreichten wir gemeinsam den Gipfel." Wahrscheinlich hätte Hillary sein ambitioniertes Ziel niemals erreicht, wenn er einen missmutigen und ängstlichen Sherpa an seiner Seite gehabt hätte. Die beiden Gipfelstürmer waren deshalb erfolgreich, weil sie sich gegenseitig ermutigten, aufbauten und halfen und dabei nie ihr Ziel aus den Augen verloren.

Dasselbe gilt auch für deinen Arbeitsalltag: Du verbringst dein halbes Leben mit deinen Kollegen. Weshalb solltest du dir diese Zeit vermiesen, indem ihr euch auch noch gegenseitig mobbt oder übereinander lästert? Du gehst morgens mit Sicherheit sehr viel lieber ins Büro, wenn du einen guten Draht zu deinen Mitarbeitern hast, ihr gemeinsam an einem Strang zieht und für eine angenehme Arbeitsatmosphäre sorgt. Wenn jeder den anderen so akzeptiert, wie er ist, inklusive der kleinen Macken und Marotten, ist schon viel gewonnen. Kommen dazu noch kleine Aufmerksamkeiten, in Form von Geschenken oder eine Einladung zum Feierabenddrink, kann aus der Zusammenarbeit sogar eine richtige Freundschaft entstehen.

Aufmerksamkeit für deine Mitmenschen entwickelst du auch über die „Zehn"-Meditation. Nachdem du deine Gedanken bei deiner nächsten Sitzung wie gewohnt zur Ruhe gebracht hast, stellst

du dir zu deiner rechten Seite deine eigenen Bedürfnisse vor. Male dir deine Wünsche in den schönsten Farben aus und genieße das Glücksgefühl, das du bei deinen Affirmationen empfindest. Wechsle dann zu deiner linken Seite und projiziere Menschen auf diese Seite, denen es derzeit nicht so gut geht. Vielleicht leidet ein Familienmitglied an einer schmerzhaften Krankheit, oder ein Freund macht eine schwere Zeit durch. Versetze dich in diese Personen hinein. Stell dir ihr Leid vor und überlege, wonach du dich an ihrer Stelle am meisten sehnen würdest. Vergleiche daraufhin deine Begierden mit den Anliegen der anderen Menschen.

Was wiegt in deinen Augen mehr? Welche Hoffnungen sollten primär gestillt werden? Womöglich wirst du erkennen, dass du dich ebenso den Bedürfnissen anderer Menschen widmen möchtest wie deinen eigenen - und laut dem Dalai Lama macht dieses Dasein für andere auch uns selbst glücklich. Durch die „Zehn“ schulst du Achtsamkeit gegenüber deiner Umwelt. Du erlangst Mitgefühl und Empathie. Durch deine feinen Sensoren nimmst du sofort wahr, wenn einen Freund etwas bedrückt. Frage ihn, was ihn belastet, und biete ihm ein offenes Ohr an, wenn er darüber sprechen möchte. Gehe mit offenen Augen durch die Welt und nimm - vor allem an stressgeplagten Tagen - die kleinen und großen Schönheiten des Lebens wahr. Die Achtsamkeit, die du dir durch deine regelmäßigen „Zehn“-Sitzungen aneignest, äußert sich auch in spontaner Hilfsbereitschaft. Plötzlich fällt dir die alte Frau am Bahnsteig auf, die mühsam versucht, ihren Koffer in den Zug zu hieven. Du hilfst ihr bei ihrem anstrengenden Unterfangen. Auch freundliche Gesten und Höflichkeiten, wie einem Fremden die Tür aufzuhalten oder der gestressten Kellnerin ein paar aufmunternde Worte zu schenken, werden zur Gewohnheit. Dieses Feingefühl verschönert das menschliche Zusammenleben.

Damit wir uns recht verstehen: Du brauchst dich nicht in einen „Gutmenschen“ zu verwandeln, der seine eigenen Bedürfnisse und Wünsche ausschließlich dem Gemeinwohl unterordnet. Es ist völlig okay, wenn du deine eigenen Ziele weiterhin verfolgst. Ich finde jedoch, dass der Blick auf die Bedürfnisse unserer Mitmenschen von Zeit zu Zeit ganz guttut, um die Perspektive auf die eigenen „Baustellen“ etwas zurechtzurücken. Es kann dir helfen, dich in Beziehung mit deiner Umwelt zu setzen und die eigenen vermeintlichen Sorgen nicht mehr ganz so wichtig zu nehmen. Womöglich hast du das Verlangen, deinen solidarischen Ausblick nach einiger Zeit zu erweitern. Ich gebe zu: Manchmal ist es geradezu unerträglich, die täglichen Nachrichten anzusehen – zerbombte Städte, verzweifelte Flüchtlinge, hungernde Kinder und barbarische Terroranschläge. Bisher hast du möglicherweise das Leid der Welt durch den Knopfdruck auf deiner Fernbedienung beendet. Lass die Schicksalsschläge einzelner Familien in den betroffenen Krisenländern vielleicht einmal ein wenig näher an dich herankommen. Und wenn du dann den Impuls spürst, auch einen kleinen Beitrag beizusteuern, um den Schmerz hilfsbedürftiger Menschen ein wenig zu lindern, dann folge dem – in deinem Maß und auf deine Weise. Eine liebe Kollegin engagiert sich für syrische Flüchtlingskinder, die traumatisiert durch die hässliche Fratze des Krieges nach Deutschland kommen – häufig ohne Eltern, ohne Perspektive und ohne Geld. Sie begleitet die Flüchtlinge zu den Ämtern, bringt ihnen die deutsche Sprache bei und sorgt dafür, dass sie eine solide Schulausbildung bzw. eine Lehrstelle bekommen. Chapeau für so viel soziales Engagement, das für sie selbstverständlich ist.

Sicher fällt dir auch in deinem eigenen Mikrokosmos ein Bereich ein, wo du mit wenig Aufwand Schmerz lindern kannst. Vielleicht kannst du dich zum Beispiel in deiner Familie als Vermittler bei „eingefrorenen Konflikten" anbieten. So sorgst du für ein harmonischeres Verhältnis unter deinen Lieben und kannst das bessere Klima auch selbst genießen. Oder du fragst die gebrechliche Nachbarin, ob du ihr bei den Einkäufen behilflich sein kannst – und womöglich magst du ihr auch hin und wieder an ihrem Küchentisch Gesellschaft leisten. Diese Vorschläge sollen nur als Beispiele dienen, um deutlich zu machen, dass Einfühlungsvermögen letztlich der Schlüssel ist zu wahrem Reichtum, der deinem Leben dauerhaften Sinn verleiht.

Bud your Life!-Trainingsplan:
Fair Play

- Entwickle Mitgefühl und Achtsamkeit. Das Zusammenleben macht mehr Spaß, wenn wir uns gegenseitig unterstützen, helfen und füreinander da sind.

- Stelle bei deiner nächsten „Zehn" deine eigenen Begierden den Bedürfnissen deiner Mitmenschen gegenüber und befrage dein Herz immer wieder einmal: Welche Anliegen sind gerade wichtiger?

- Durch die „Zehn" schulst du die Achtsamkeit gegenüber deiner Umwelt und entwickelst Mitgefühl und Empathie. Womöglich erkennst du, dass deine Aufmerksamkeit für andere auch dich selbst glücklich macht.

- Kleine Gesten lindern in deinem Umfeld häufig große Schmerzen. Widme dich den Bedürfnissen deiner Angehörigen und Freunde. Das verleiht deinem Leben dauerhaften Sinn.

JEDER JECK IST ANDERS

„Hast du das schon mal bemerkt: Jeder, der langsamer geht als du, ist ein Idiot, und jeder, der schneller geht, ist ein Irrer!"

George Carlin, US-amerikanischer Komiker, 1937–2008

Beobachte in den nächsten Tagen, wie oft du über fremde Menschen, denen du begegnest, innerlich entrüstet den Kopf schüttelst oder herablassend über sie lächelst. Ohne unsere Mitmenschen wirklich zu kennen stecken wir sie in Schubladen und kleben ihnen bestimmte Etiketten auf. Hast du dich schon mal über grölende und spuckende Jugendliche („Prolls!") aufgeregt, die am Busbahnhof ihr breitbeiniges Paviangehabe demonstrieren? („Kleinschwanzkomplex!")? Oder im Stillen geschimpft über die etwas ordinär und billig gekleidete Frau („Schlampe!"), die an ihrer linken Hand ein quengelndes Kind („Balg!") und in der rechten Hand eine qualmende Kippe hält („asozial!")? Und was geht in dir vor, wenn du einen reifen, etwas ungepflegten Herrn mit einer jungen, hübschen Asiatin an der Seite siehst? Wenn du ehrlich bist, bewertest und beurteilst du deine Mitmenschen zu jeder Zeit und an jedem Ort. Wir wissen, dass die Schubladen, in die wir unser Gegenüber stecken, häufig ganz schön fies sind. Deswegen frönen wir unseren Vorurteilen meist heimlich und im Stillen oder äußern sie lediglich gegenüber unseren engsten (Läster-)Freunden.

Im Fernsehen wird uns das Demütigen und Herabsetzen regelmäßig vorgelebt – Unterhaltungsshows à la „Deutschland sucht den Superstar" und „Germanys Next Topmodel" sei „Dank". Dieter Bohlen bescheinigt dem trällernden Möchtegern-Sänger: „Dein Talent ist Null, und Null ist noch aufgerundet." Und Heidi Klum urteilt über das hübsche, aber unsichere Nachwuchsmodel: „Du bist wie eine mäßige Mahlzeit: ganz lecker, aber ziemlich fad." Wie sehr die geschmähten Kandidaten unter den verbalen Verletzungen leiden – häufig noch Jahre danach –, ist den Fernsehmachern, und leider auch den meisten Zuschauern, ziemlich egal.

Wann und wie oft stehst du anderen Menschen ablehnend gegenüber: der raffgierigen Politesse, die dir einen Strafzettel verpasst? Der frustrierten Arbeitskollegin, deren Jammergeschichten dir gehörig auf die Nerven gehen? Dem übergewichtigen Mann, der grunzend neben dir einen Döner verschlingt (irgendwoher muss der Speck ja kommen)?

Was passiert, wenn du einer Person zum ersten Mal begegnest? Du scannst sie! Binnen Bruchteilen von Sekunden checkst du, wie sie spricht, auf welche Art sie sich bewegt und was für Klamotten sie trägt. Innerhalb dieses „Quick-Tests" entscheidest du, ob du einen Menschen sympathisch oder reizlos findest. Hopp oder Top! Stell dir vor, du stehst mit deinem besten Freund in einer Bar und entdeckst eine Person, die dir optisch auf Anhieb gefällt. Heute ist dein Glückstag, denn es stellt sich heraus, dass dein Freund die attraktive Neuentdeckung persönlich kennt. Noch bevor du dich umschauen kannst, packt er dich bei der Hand und stellt dich deinem Herzblatt vor. Doch was passiert, wenn dich dein auserkorener Schwarm mit Fistelstimme oder brachialem Dialekt begrüßt? Innerhalb kürzester Zeit schrumpft der „athletische Adonis" zum „Spatzenhirn" und die „sexy Blondine" mutiert zum „blonden Dummchen". Diese Urteile, die wir aufgrund unseres ersten Eindrucks fällen, sind für uns wie in Stein gemeißelt und lassen sich nur schwer wieder korrigieren. Selbst wenn sich später herausstellt, dass Rico aus Leipzig eigentlich doch ein ganz smarter Typ ist und Vroni aus dem Allgäu ein großes Herz hat. Die beiden werden es schwer haben. Der erste Eindruck zählt, es gibt keine zweite Chance. Oder etwa doch?

Nicht alles und jeden zu beurteilen, kannst du im Zuge der „Zehn" üben. Während deiner Meditation hörst du allerhand Geräusche – das Ticken der Küchenuhr, ein vorbeirasendes Auto oder deine Nachbarn, die auf dem Balkon miteinander diskutieren. Nimm die Klangkulisse zwar wahr, beurteile sie aber nicht. Das Training des „Nicht-Bewertens" kannst du nach und nach auf deinen Alltag übertragen. Probiere einfach einmal aus, wie sich das Verhältnis zu deinen Mitmenschen verändert, wenn du deine Vorurteile durch Aufgeschlossenheit, Interesse und Neugierde ersetzt.

„Jeder Jeck ist anders" lautet ein Spruch, der aus dem bunten Treiben des Kölner Karnevals stammt. Ich mag diesen Spruch, weil er eine gesunde Lebenseinstellung einfach auf den Punkt bringt:

Gehe tolerant und respektvoll mit deinen Mitmenschen und ihren Eigenheiten um. Du selbst möchtest ebenso von deiner Umwelt akzeptiert werden – inklusive deiner Spleens und Marotten.

„Großer Geist stehe mir bei, dass ich über keinen Menschen urteile, bevor ich nicht zwei Wochen lang in seinen Mokassins gegangen bin" lautet ein Gebet der Sioux-Indianer. Und auch Buddha empfiehlt, möglichst „wertfrei" durchs Leben zu gehen und andere Personen und Gegebenheiten so anzunehmen, wie sie sind. Freue dich über „Jecken", die anders singen und schunkeln als du. Sie bringen neue Impulse und Abwechslung in deinen Alltag. Sie sind die Würze in der faden Suppe und machen das Dasein geschmackvoll und vielfältig. Nicht auszudenken, wenn alle Narren gleich wären. Dann wäre Karneval plötzlich eine uniforme Militärparade. Und dein Eintopf schmeckte monoton und fad.

Du kennst sicher den Typus des deutschen Touristen, der in seinem spanischen Urlaubsdomizil nur Speisen isst, die er von zu Hause kennt. Auch auf Gran Canaria erwartet er deutsche Esskultur à la Krustenbraten, Schnitzel und Kartoffelsalat. Paellas, Tapas und diesen ganzen anderen ausländischen Schnickschnack kennt er nicht, will er nicht, schmeckt ihm sowieso nicht. So bleibt der kulinarische Verweiger-Tourist ein „Gefangener" seiner Hausmannskost und bringt sich um die Gaumenfreuden der spanischen Küche. Ich wette, dass Herr Sauertopf auch in seinem Alltag Fremdes ablehnt und keine Risiken eingeht.

Um deinen Horizont zu erweitern, ist es erforderlich Neues auszuprobieren und zu experimentieren. Selbst wenn ein exotisches Menü einmal nicht deine Geschmacksnerven trifft, so erweitert es doch deine Sinneseindrücke. Überwinde deine Scheu vor fremden Menschen und deine Vorbehalte gegenüber unbekannten Situationen. Begegne anderen Personen und neuen Herausforderungen offen und neugierig. Klar ist es bequem, auf alten, ausgetretenen Pfaden zu wandeln. Auf Dauer ist es jedoch eintönig und dröge. Du wirst feststellen, wie fröhlich und ansteckend das Treiben inmitten der unterschiedlichen Jecken in deinem Leben sein kann. Und das Beste: Du selbst bist ein bereichernder Farbklecks inmitten der kunterbunten Vielfalt.

Bud your Life!-Trainingsplan:
Jeder Jeck ist anders

Beobachte dich: Wie oft beurteilst du deine Mitmenschen und bewertest du Ereignisse?

Andersdenkende Menschen und neue Erfahrungen verleihen deinem Leben Vielfalt. Sie sind die frischen Gewürze in deiner Suppe.

Trainiere deine Fähigkeit, Menschen und Situationen nicht vorschnell zu verurteilen. Nimm während der „Zehn" die Klangkulisse um dich herum wahr, bewerte sie jedoch nicht. Ersetze nach und nach in deinem Alltag deine persönlichen Vorurteile durch eine Haltung der Offenheit und des Interesses.

„Jeder Jeck ist anders": Übe Toleranz und Nachsicht gegenüber den Eigenheiten deiner Mitmenschen. Setze deine farbigen Akzente im bunten Treiben des Lebens.

GUTE ZEITEN, SCHLECHTE ZEITEN

„Versuchungen sollte man nachgeben. Wer weiß, ob sie wiederkommen!"

Oscar Wilde, irischer Schriftsteller, 1854–1900

Wie ich sie hasse – die Tage, an denen ich den Eindruck habe, dass all die Zuversicht, die ich mir durch meine tägliche Meditation aneigne, anscheinend „verlorene Liebesmüh" ist. Mit einer „Motzfresse" verlasse ich morgens das Haus und bin einfach nur GENERVT! Alles und jeder geht mir gegen den Strich: das frühe Aufstehen, die doofen Regenwolken am grauen Himmel, der lahme Autofahrer vor mir, der meine Fahrdynamik behindert. Im Sportstudio stöpsele ich mir auf dem Laufband meine Kopfhörer tief in die Ohrmuschel und drehe die Musik lauter, weil mich die bloße Existenz des keuchenden Wesens neben mir zur Weißglut bringt. Entspannen fällt mir heute schwer. In der Dampfsauna sitzt inmitten zischender Nebelschwaden ein Jungspund, der lauthals auf dem Smartphone mit seinem „Bro" telefoniert. In der Trockensauna hat sich ein haariges Zottelmonster den Aufgusskübel einverleibt und vollzieht in der belebten Schwitzstube seelenruhig seine Ganzkörperrasur. Nun muss ich leider meine hochgeschätzte „buddhistische Gelassenheit“ für einige Minuten im Saunaofen einschmelzen und Dampf ablassen.

An Tagen wie diesen frage ich mich, ob dieser Meditationskram nicht eine große Selbsttäuschung ist. Eine pralle Seifenblase, die beim ersten Windhauch zerplatzt. Ein Schilfrohr, an das ich mich klammere, aus Unsicherheit angesichts der Tücken des Lebens.

Diese vermeintlich „schlechten“ Tage sind „Part of the Game“. Die buddhistischen Weisheiten sind Leitlinien, die dir Orientierung geben. Sie sind wie die weißen Striche in der Mitte der Autobahn, die dir die richtige Spur weisen. Dennoch kommt es hin und wieder vor, dass du – in einem unaufmerksamen Augenblick – die Kontrolle über deinen Wagen verlierst und ausscherst. Durch die „Zehn“ entwickelst du Sensoren für deine Achtsamkeit und setzt das Lenkrad ein, um deinen Schlängelkurs zu korrigieren. Das regelmäßige Fahrtraining gewährt dir eine sichere Reise.

Bei allen guten Einflüssen, die eine buddhistische Geisteshaltung auf dein Leben hat, solltest du nie vergessen, dass du „nur“ ein Mensch bist, der Fehler macht, Begehrlichkeiten unterliegt und manchmal einfach Lust hat, ein wenig gegen die Moral und den guten Anstand aufzubegehren. Klar ist es von Jungs nicht okay, einem attraktiven Mädchen die große Liebe vorzugaukeln, nur um es ins Bett zu bekommen. Nach buddhistischer Logik bedeutet das für den triebgesteuerten Gentleman, dass er für seine hinterhältige Tat vom Leben eine Retourkutsche erhält. Gut möglich, dass er im Lauf der Zeit von einem Menschen, der ihm viel bedeutet, ebenso getäuscht und abserviert wird. Und wenn wir schon bei Klischees sind: Eine Lady, die beim „Powershoppen“ hoffnungslos dem Kaufrausch erliegt, erreicht im buddhistischen Sinne sicherlich kein dauerhaftes Glück. Im Moment der Begierde gibt es der „Shopping Queen“ aber den gewissen Kick. Womöglich ärgert sie sich am Ende des Tages über den überzogenen Dispo ihres Bankkontos. So what!? Wir sind alles kleine Sünderlein. Es bringt nichts, jede Aktion, die du ausführst, und jedes Wort, das du sprichst, erst einmal gründlich auf „mieses Karma“ abzuklopfen. Was ich damit sagen will? „Mensch sein“ bedeutet, auch Casanova und Femme fatale sein zu dürfen und hin und wieder über die Stränge zu schlagen. Wir sind in den allermeisten Fällen keine Mönche und Nonnen, keine Buddhas und keine Heiligen. In jedem von uns steckt ein „böser Junge“ oder eine „freches Mädchen“. Damit will ich keinesfalls gutheißen, dass sich Personen durchs Leben tricksen und sich auf Kosten anderer bereichern. Ich bin mir sicher, dass diese Leute früher oder später die entsprechende Quittung für ihr asoziales Verhalten erhalten.

Buddhistische Grundsätze als unumstößliche Dogmen zu behandeln lehnt sogar der Dalai Lama höchstpersönlich ab: „Wenn die Wissenschaft irgendwelche Überzeugungen des Buddhismus widerlegen sollte, dann muss sich der Buddhismus ändern.“ Bingo! Endlich mal eine Weltanschauung, die dem Menschen nicht das eigene Denken und Handeln verbietet. Geistliche, die ihren Anhängern vorschreiben, wie sie zu leben haben und mit wem sie wie oft ins Bett gehen sollen, sind Fossilien einer vergangenen Epoche. Alle Glaubensrichtungen, sei es die christliche, islamische oder die buddhistische Religion, bringen in dem

Augenblick Unheil über die Menschheit, sobald sie fanatische und ideologische Züge annehmen. Die schrecklichen Massaker und Terroranschläge im Namen eines angeblichen Gottes sprechen Bände. Der Buddhismus empfängt alle Menschen mit offenen Armen. Egal, ob du gerne Alkohol trinkst, Minirock trägst, sexuell hyperaktiv bist oder leidenschaftlich Karaoke singst: Alles ist erlaubt, vorausgesetzt, du fügst keinem anderen Lebewesen durch deine Vorlieben größere Schäden zu. Du brauchst nicht unterwürfig oder demütig zu sein. „Ich will keine Jünger, ich will Kollegen“ ist ein Ausspruch, der von Buddha stammen könnte, ebenso wie: „Ich will nicht Menschen, die glauben. Ich will Menschen, die wissen!“

Mensch sein heißt auch, Fehler machen und unvollkommen sein zu dürfen. Gehe also nicht zu hart mit dir ins Gericht, wenn du wieder einmal einen rabenschwarzen Tag erwischst, an dem du deine Artgenossen gerne in den Orbit schießen würdest. „Manchmal bin ich gereizt. Gelegentlich benutze ich schroffe Worte, aber wenn ich das tue, spüre ich sofort: ,Oh das ist falsch.'" Diese Worte stammen vom Dalai Lama – einem Mann, der sich seit seiner frühesten Kindheit quasi im „Dauermeditationsmodus" befindet. Auch du wirst nach wie vor Ärger an deinen Mitmenschen auslassen. Durch dein „Zehn"-Training geht bei Beleidigungen jedoch sofort eine Warnleuchte in dir an, die dir deine überzogene Reaktion signalisiert. Sie kühlt die aufgeheizte Stimmung ab und verleiht dir die nötige Selbstreflexion, für deine Fehler geradezustehen.

Zur Karnevalszeit hängt am Eingang vieler Kölsch-Kneipen eine verkleidete Strohpuppe namens „Nubbel". Dieser „Sündenbock" ist schuld an allen Verfehlungen, die die Jecken an den närrischen Tagen anhäufen. Bevor es dem Nubbel in der Nacht zu Aschermittwoch an den Kragen geht, wird ihm bei einer gespenstischen Zeremonie der Prozess gemacht. Ein kostümierter Zeremonienmeister trägt die Anklageschrift vor: „Wer ist schuld, dass wir unser Geld vertrunken, unseren Partner betrogen und die Arbeit vernachlässigt haben?" Die johlende Menge ist sich einig: „Der Nubbel is dat schuld – er soll brennen!" Mit der auflodernden Sündenpuppe gehen alle Entgleisungen der Narren in Flammen auf. So kann sich jeder Jeck am nächsten Tag wieder reinen Gewissens seinem Alltag zuwenden.

Was hältst du davon, wenn du deine großen und kleinen Unzulänglichkeiten im Zuge der „Zehn" auch deinem imaginären Nubbel in den Strohhut schiebst. Bezichtige ihn deiner Fauxpas und lass die Fehltritte dann feierlich in deinem Geist verglühen.

Bud your Life!-Trainingsplan:
Gute Zeiten, schlechte Zeiten

- Verstehe die buddhistischen Grundsätze als Leitlinien, die dir Orientierung in deinem Alltag geben. Lasse sie jedoch nicht dogmatisch und fanatisch über deinem Leben thronen.

- Du bist kein Mönch, keine Nonne, kein Buddha und kein Heiliger. Du bist „nur“ ein Mensch, der Fehler machen und unvollkommen sein darf.

- Der Buddhismus akzeptiert alle Eigenheiten und individuelle Lebensstile, sofern durch dein Wirken kein anderes Lebewesen zu Schaden kommt.

- Geh spielerisch mit deinen Unzulänglichkeiten um. Du weißt doch: „Der Nubbel is dat schuld!“

DER LACHENDE BUDDHA

„Lächeln ist das Kleingeld des Glücks."

Heinz Rühmann, deutscher Schauspieler, 1902–1994

Vielleicht bist du ihm schon einmal begegnet – im Eingangsbereich deines Lieblingsasiaten, in einem buddhistischen Tempel oder einfach nur in einem Dekoladen, wo er sich ebenso gerne herumtreibt: dem dickbäuchigen und immer gut gelaunten Buddha, der sich auf die Schenkel klopft und sich dabei so herzhaft schön kaputtlacht. Sein Frohsinn und seine Gelassenheit sind ansteckend. Du schaust ihn an, und dir huscht unwillkürlich ein Lächeln über die Lippen. Aufgrund der guten Laune, die der kleine Mann ausstrahlt, wird er häufig auch „Lachender Buddha" oder „Happy Buddha" genannt. Das reale Vorbild dieser gemütlichen Grinsebacke ist übrigens nicht der historische Buddha. Der „originale" Buddha – Siddhartha Gautama – lebte einige Jahrhunderte früher und bestand zuzeiten fast nur aus Haut und Knochen. Vor seiner Erleuchtung lebte er für einige Zeit in strenger Askese und unter großen Entbehrungen. Und später hat er sich dann für eine

Lebensweise zwischen den Extremen entschieden, den von ihm propagierten „mittleren Pfad“. Gautama lehrte als Buddha (=„der Erwachte“) das, was er selbst erfahren und erkannt hatte, und ist der Erfinder und Urvater des Buddhismus. Er war ein gewöhnlicher Mensch und kein Heiland, Erlöser oder Prophet. Auf ihn folgten viele andere weise Mönche, die ebenfalls Erleuchtung erlangten und verehrt wurden. Der buddhistische Glaube legt seinen Fokus nicht auf eine zentrale Gottesfigur, der man blind vertrauen soll, sondern auf persönliche Erfahrungen nach dem Motto „Learning by doing“. Es spielt keine Rolle, ob du Christ, Jude, Moslem oder Atheist bist. Der Buddhismus akzeptiert jede Weltanschauung, sofern durch deine Überzeugung keine anderen Menschen zu Schaden kommen.

Das ist der Grund, weshalb im Namen Buddhas keine epochalen Kriege geführt wurden. Frieden, Nächstenliebe und Toleranz – das sind die Werte, die sich auch der „Lachende Buddha“ auf seine Mönchskutte schrieb. Der lebenslustige Zeitgenosse zog im 10. Jahrhundert als Bettelmönch durch die Städte und Dörfer des alten China. Alle Menschen erlagen seinem Charme und dem ansteckenden Lachen. Vor allem die Kinder hingen dem fidelen Zeitgenossen regelrecht am Gewand, da er in seinem Beutel immer Almosen dabei hatte, die er großzügig an seine Mitmenschen weiterverschenkte. So avancierte der „asiatische Nikolaus“ bei Groß und Klein ziemlich schnell zum Superstar, was er bis heute – stolze 1100 Jahre später – noch immer ist.

Möchtest du auch zu einer Art herzlichem Superstar aufsteigen? Dann bestreite dein Leben doch ähnlich hilfsbereit und mitfühlend

wie der „Lachende Buddha“. Es kostet zum Beispiel nicht einmal etwas, freundlich zu sein und den Menschen ein aufrichtiges Lächeln zu schenken.

„Theoretisch klingt das ja nett, immer gelassen und entgegenkommend zu sein, aber ...“, höre ich dich jetzt schon sagen. „Es gibt Tage, da setzt das Leben mir gehörig zu. Mein Rücken und meine Gelenke schmerzen. Mein Partner bringt mich zur Weißglut und die Arbeit frisst mich auf. Sorry, an solchen Tagen ist mir wirklich nicht zum Lachen zumute.“

Während meiner Schauspielausbildung wurden mir verschiedene Techniken beigebracht, wie man Emotionen quasi per Knopfdruck erzeugen kann. Du kannst Gefühle von „innen nach außen“ produzieren. Um das erste heiße Schäferstündchen zwischen Romeo und Julia möglichst authentisch darzustellen, durchlebt der Schauspieler im Geist eine abgefahrene Liebesnacht, die er bestenfalls bereits am eigenen Leib erfahren hat. Erneut spürt er die Küsse, riecht die erregte Haut und erinnert sich an den bombastischen Orgasmus. Je genauer er sich in das aufregende Tête-à-Tête hineinversetzen kann, desto authentischer stellt er die Szene dar. Marlon Brando und Meryl Streep waren und sind Meister in dieser Schauspieltechnik, die „Method Acting“ genannt wird und unter anderem am renommierten Lee Strasberg Theatre & Film Institute in New York unterrichtet wird. In jedem von uns steckt eine kleine „Meryl“ und ein kleiner „Marlon“. Deshalb kannst auch du diese Methode anwenden, wenn dir dein Leben und deine Mitmenschen mal wieder gehörig auf die Nerven gehen.

Entfliehe unangenehmen Situationen – zumindest für ein Weilchen –, indem du dich an schöne Erlebnisse erinnerst. Die laue Sommernacht in der Toskana. Du sitzt mit deinem Liebsten bei einem Glas gutem Chianti auf der Piazza von San Gimignano. Die Grillen zirpen, die Kerzen funkeln im Mondschein, und du spürst die leckeren Rigatoni auf deiner Zunge. Oder du versetzt dich zurück an den Tag deiner Hochzeit. Dein Partner und du kommen aus der Kirche. All eure Verwandten und Freunde stehen Spalier und applaudieren. Spüre den Reis, der auf dich niederprasselt. Höre die guten Wünsche, die deine Besten dir zujubeln. Und rieche die frische Frühlingsluft, die dir um die Nase weht. Lass das euphorische Gefühl in dir entstehen, das du empfunden hast, als du dein Kind zum ersten Mal in den Armen gehalten hast. Denke an die Freude, die in dir aufkam, als deine Kollegen dir an deinem letzten Geburtstag spontan ein Ständchen sangen.

Der Einzige, der dich zwingt, auf Stress und ärgerliche Begebenheiten genervt zu reagieren, bist du selbst. Lass dich nicht von der Unzufriedenheit anderer Menschen anstecken. Begegne Störenfrieden wie ein „Lachender Buddha“: mit Gelassenheit und einem ruhigen Lächeln. Du wirst erstaunt sein, wie verdutzt die Plagegeister auf deine Sanftmut reagieren.

Eine weitere Methode, um gute Gefühle herzustellen, ist die Arbeit von „außen nach innen“. Dabei werden Empfindungen durch die Körperhaltung beeinflusst. Tust du mir einen Gefallen? Setze dich aufrecht auf einen Stuhl, presse deine Oberschenkel fest aneinander und starre auf einen Punkt. Verharre einige Zeit in dieser Position. Wie fühlt sich das an? Irgendwie befangen und gehemmt, oder? Fläze dich nun breitbeinig auf den Stuhl, lehne dich leger zurück und lass deinen Blick gelangweilt in die Ferne schweifen. Darf ich vorstellen: Der verklemmte Streber trifft auf den entspannten Checker – und beide Charaktere wohnen in dir. Zwei verschiedene Körperhaltungen erzeugen zwei unterschiedliche Gefühle. Genau diese Technik kannst du auch in deinem Alltag anwenden. Überprüfe, welche Position du während eines Geschäftsmeetings einnimmst. Sitzt du in dich zusammengesackt, deine Beine angespannt, und die Augen starren unsicher auf den Tisch vor dir? Kein Wunder, dass dein Chef dir keine größeren Projekte zutraut. Deine Haltung signalisiert: Ich möchte unscheinbar bleiben. Bitte verschone mich mit anspruchsvollen Aufgaben. Möchtest du ernst genommen werden und auf Augenhöhe diskutieren, dann richte dich auf, sitze mit gerader Wirbelsäule, entspanne die Schultern und blicke dein Gegenüber aufgeschlossen an. Das ist übrigens die Grundhaltung, die du während deiner täglichen „Zehn"-Meditation einnimmst. Hier kannst du sie in deinem Alltag anwenden.

Sieh, was passiert, wenn du bei schlechter Laune deine Lippen zu einem kleinen Lächeln formst und sie eine Zeit lang in dieser Position belässt. Selbstverständlich sollst du nicht permanent mit einem debilen Grinsen durch die Gegend laufen. Es sind nur wenige Millimeter, um die du deine Mundwinkel zum Schmunzeln anhebst. Diese minimale Lippenbewegung verändert deine Laune von „Groll" zu „Toll" – oder doch zumindest ein wenig in diese Richtung. Auch wenn dir in einigen Situationen ganz und gar nicht zum Lachen zumute ist – versuche es! Lachforscher haben herausgefunden, dass beim Lächeln Glückshormone ausgeschüttet werden. Dabei unterscheidet der Körper komischerweise nicht zwischen herzhafter und aufgesetzter Heiterkeit. Es ist eine gute Praktik für alle Morgenmuffel, Brummbärte und Miesmuscheln. Hol dir deine tägliche Lachdosis am Morgen, indem du nach dem Aufstehen vor dem Badezimmerspiegel Grimassen schneidest oder im Auto auf dem Weg zur Arbeit. Diese „Gute-Laune-Drops" senken deinen Stressspiegel und steigern das Wohlbefinden.

Touristen und Passanten streichen dem „Lachenden Buddha" übrigens liebend gerne über seinen dicken, goldenen Bauch. Die Berührung seines üppigen Wansts soll Glück und Lebensfreude bringen. Wenn du dich also mal wieder über etwas aufregst oder dir Sorgen machst, dann kraule sacht über deine Lebensmitte, entspanne dich und werde zum „heiteren Buddha".

Bud your Life!-Trainingsplan:
Lachender Buddha

- Niemand kann dich zwingen, auf Stress und unangenehme Situationen genervt zu reagieren. Lass dich nicht von der Unzufriedenheit deiner Mitmenschen anstecken. Bleib freundlich und gelassen.

- Beim Lachen schüttet der Körper Glückshormone aus. Die „Gute-Laune-Drops“ vertreiben Ärger und steigern dein Wohlbefinden.

- Erschaffe angenehme Gefühle von „innen nach außen“: Entfliehe Belastungen, indem du dich intensiv an schöne Erlebnisse erinnerst.

- Begegne schlechten Tagen von „außen nach innen“. Achte auf deine Körperhaltung und deine Gesichtszüge. Die wenigen Millimeter, um die du deine Mundwinkel zum Lächeln anhebst, entscheiden über deine Tageslaune.

- Werde zum „Lachenden Buddha“ und stärke deine Körpermitte: Streiche dir in angespannten Situationen über den Bauch. Spüre deinen Atem, sei ganz bei dir und entspanne dich.

ROTZ ABWISCHEN, WEITERMACHEN!

„Ich freue mich, wenn es regnet,
denn wenn ich mich nicht freue, regnet es auch!"

Karl Valentin, deutscher Komiker, 1882–1948

Sicherlich kennst du Phasen in deinem Leben, in denen sich „Gott und die Welt" bzw. „Buddha und das Karma" gegen dich verschworen haben. All dein Engagement und gutes Bemühen sind dann offenbar zum Scheitern verurteilt. Du kannst dich auf den Kopf stellen und mit den Ohren wackeln – die Leute sind trotzdem nicht zufrieden. Was du auch anpackst – es geht schief. Du wirst von deinen Mitmenschen zurückgewiesen und erlebst einen Misserfolg nach dem anderen. Du fühlst dich wie ein Fußballspieler, der alles gibt, um ein verdammtes Tor zu schießen, aber immer nur den Pfosten trifft. Durch deine Lebenseinstellung kannst du auf schlechte Phasen in deinem Leben selbst Einfluss nehmen. Wir Menschen haben das Talent, in alle Ereignisse, die uns widerfahren, eine höhere Macht hineinzudeuteln. Wenn dir etwas gelingt, dann „meint es der liebe Gott" gut mit dir.

Erlebst du eine Schlappe, dann „spielt dir das Leben übel mit". Damit nimmst du dich selbst aus der Schusslinie und schiebst die Verantwortung auf höhere Mächte, denen du auf Gedeih und Verderben ausgeliefert bist. Du ergibst dich deinem vermeintlichen Schicksal und weigerst dich, für deine Niederlagen selbst gerade zu stehen. Du entscheidest anhand deiner positiven oder negativen Lebenseinstellung, ob du auf die Gewinner- oder Verliererspur abbiegst. Gewiss kennst du Phasen in deinem Leben, in denen die Erfolgserlebnisse geradezu Schlange bei dir stehen. Du hast einen „guten Lauf", ja ziehst das Glück magisch an – und das ganz ohne große Kraftanstrengung. Läuft es hingegen besch...eiden, siehst du in jeder noch so kleinen Panne den Beweis für deine augenblickliche Pechsträhne. Alles und jeder hat sich gegen dich verschworen: Draußen regnet es, dein Fahrrad hat einen Platten, und dein heimlicher Schwarm nimmt sowieso keine Notiz von dir. Du wirst vom Leben (und leider nicht von deinem Schwarm) gehörig rangenommen. Dass zwischendurch auch mal die Sonne aus den Wolken blinzelt, dich eine liebe Kollegin aufgrund deines kaputten Drahtesels mit dem Auto zur Arbeit mitnimmt und es zahlreiche Verehrer gibt, die ein Auge auf dich geworfen haben, nimmst du nicht wahr. Zu sehr bist du damit beschäftigt, deiner Rolle als Pechvogel gerecht zu werden.

„Rotz abwischen, weitermachen!" lautet ein alter Fußballerspruch. Oder für die Prinzessinnen unter uns: „Hinfallen, aufstehen, Krönchen richten, weitergehen!" Das ist eine kluge Vorgehensweise, um mit vermeintlich schwierigen Phasen in deinem Leben umzugehen. Missgeschicke, die dir vor einem Monat, einem Tag oder einer Minute widerfahren sind: Haken dran.

Konzentriere dich mit jeder Pore deines Körpers und jeder Zelle deines Gehirns voll und ganz auf die Gegenwart. Durch deine Ausrichtung auf das Hier und Jetzt erschaffst du in diesem Augenblick eine angenehme Zukunft. Es bringt nichts, in schwierigen Lebenslagen den Kopf hängen zu lassen, dich deinem Schicksal zu fügen und zu hoffen, dass irgendwann mal wieder bessere Zeiten anbrechen werden. Ich bin überzeugt, dass du auf jede Frage bereits die passende Antwort und für jedes Problem bereits die entsprechende Lösung in dir trägst. Du musst dich lediglich von allen äußeren Störfeuern, zum Beispiel in Form von Ratschlägen deiner besten Freunde oder sonstiger Moralapostel, lösen und auf deine eigene innere Stimme hören. Lass bei deiner nächsten „Zehn" den Geist zur Ruhe kommen. Auf der Basis des neutralen Denkens betrachtest du deine Schwierigkeiten nüchtern und bahnst dir einen Weg durch dein Gedankenlabyrinth. Lass dich nicht von sinnlosen Grübeleien ablenken. Drehe und wende deine missliche Lage wie ein Stück Fleisch auf dem Bratrost. Beobachte für eine Weile wertfrei, wie sich dein brutzelndes „Problemgut" verfärbt. Sobald du das Gefühl hast, dass deine Angelegenheit genug durchgegart ist, beendest du deine Sitzung. Dadurch stößt du zum wesentlichen Kern deiner Probleme und findest für dich passende Antworten. Hinterher fragst du dich wahrscheinlich, weshalb du nicht viel früher auf die naheliegende Lösung gekommen bist.

„Rotz abwischen, weitermachen!" bedeutet auch, aus vergangenen Fehlern zu lernen und neue Wege auszuprobieren. Anscheinend hat auch die amerikanische Sängerin Pink schon einige

Misserfolge weggesteckt. Zumindest widmet sie sich dem Thema in ihrem Song „Try“, den ich für dich ins Deutsche übersetzt habe:

> *„Wo ein Verlangen ist, da ist auch eine Flamme.*
> *Wo eine Flamme ist, muss sich auch jemand verbrennen.*
> *Aber nur weil es brennt, heißt es nicht,*
> *dass du daran sterben wirst.*
> *Du musst aufstehen und es weiter versuchen,*
> *versuchen, versuchen.“*

Wie kannst du dich gegen stürmische Phasen im Leben rüsten? Sei dir im Klaren, dass „Zweisamkeit“ und „Einsamkeit“, „Lust“ und „Frust“ sowie „Liebe“ und „Hass“ zwei Seiten derselben Medaille sind, die sich ständig dreht. Die Chinesen nennen dies das Prinzip des Yin und Yang, wobei Yin für das Weibliche, Passive und Feuchte steht, Yang dagegen das Männliche, Aktive und Harte ausdrückt. Herrscht in dir jetzt Kopfkino? Bei mir auch. Yin und Yang geht aber weit über meine (und vielleicht auch deine) schlüpfrige Fantasie hinaus. Es beschreibt die Gegensätze in unserem Leben: „Glück“ und „Pech“, „Freude“ und „Trauer“, „Erfolg“ und „Misserfolg“. In jedem Scheitern steckt zugleich der Keim des Triumphs. Nach jeder traurigen Begebenheit weißt du die heiteren Momente wieder mehr zu schätzen. Yin und Yang sind wie Nacht und Tag, Ebbe und Flut, Erde und Himmel – also die zwei Hälften, die ohne einander nicht existieren können. Erst durch ihr Zusammenspiel erklingt deine harmonische Lebenssymphonie. Wenn es dir gelingt, eine gute Balance zwischen Yin und Yang in deinem Leben zu schaffen, dann fühlst du dich ausgeglichen und vital. Wie ein Seiltänzer kippst du mal mehr zur einen, dann wieder zur anderen Seite. Um deine Mitte zu halten, musst du deinen Schwerpunkt immerzu neu ausrichten. Dominiert eine Komponente über die andere, verlierst du das Gleichgewicht und fällst vom Seil. In Wahrheit gibt es keine reinen Pechsträhnen und keine ausschließlichen Glücksphasen. Der Lebensfilm, der sich um dich herum abspielt, ist eigentlich neutral. Lediglich dein eigenes Denken entscheidet darüber, ob du Situationen und Menschen als „gut“ oder „schlecht“ empfindest. Diese subjektiven Hirngespinste entbehren der Realität bzw. sind eine Frage der Perspektive. Du findest, dein Chef ist ein „Kotzbrocken“? Seine Frau und seine Freunde haben bestimmt eine völlig andere Meinung von ihm. Joggen ist für dich die Höchststrafe - schon der Gedanke daran macht dich aggressiv? Ich - und sicherlich viele andere - lieben es zu laufen und schütten dabei eine Menge Glückshormone aus. Laufen an sich ist weder „anstrengend" noch „befreiend". Wir machen es dazu. Du besuchst mit deiner Freundin die neue Kinoschmonzette mit Robert Pattinson. Hinterher tauscht ihr euch aus. Während du am liebsten aufgestanden wärst, weil du den Streifen unerträglich blöd fandest, war es für deine Begleitung der „beste Film aller Zeiten". Wer von euch beiden hat nun recht?

Unsere Wahrnehmungen sind durch unsere subjektiven Bewertungen eingefärbt. Wir sehen also nicht die Wirklichkeit „an sich", sondern filtern sie durch unsere jeweilige Brille. Es ist wichtig, dir bewusst zu werden, dass all deine Eindrücke und Empfindungen nicht „die letztendliche Wahrheit" darstellen, sondern nur eine Form sind, die Welt zu sehen und auf sie zu reagieren.

Wisch dir in vermeintlichen Durststecken deines Lebens den Rotz ab und besinne dich auf deine innere Ausgeglichenheit. Gut in deiner Mitte verankert kannst du beschwingt durch dein Leben segeln, auch wenn die Wellen manchmal höher schlagen. Niederlagen werfen dich nicht mehr aus der Bahn, und du behältst den Boden unter den Füßen, wenn das Glück dich überschwänglich küsst. Du ruhst in dir selbst und verstehst, dass sowohl deine guten als auch deine schlechten Eindrücke nur eine Möglichkeit sind, die Dinge wahrzunehmen. So kannst du schöne Augenblicke genießen, ohne abzuheben, und Schicksalsschläge überstehen, ohne unterzugehen.

Bud your Life!-Trainingsplan:
Rotz abwischen, weitermachen!

- Du bist weder einer höheren Macht noch einem Schicksal ausgeliefert. Durch deine Lebenseinstellung kannst du auf Glücks- und Pechsträhnen Einfluss nehmen.

- Verlasse dich in schwierigen Zeiten nicht auf die „Küchenpsychologie" deiner Freunde. Mittels der „Zehn" gelangst du zum wahren Kern deiner Probleme. Jede Lösung und jede Antwort existiert bereits in dir.

- „Erfolg" und „Misserfolg" sind zwei Seiten ein und derselben Medaille, die sich ständig dreht. Bringe dein eigenes „Yin" und „Yang" in die richtige Balance.

- Deine subjektive Wahrnehmung macht Situationen zu „guten" und „schlechten" Ereignissen. Diese Bewertungen entstehen in deinem Geist. Lass also etwas Platz im Kopf für weitere Interpretationen und Möglichkeiten.

ORIGINAL UND FÄLSCHUNG

„Sei eine erstklassige Ausgabe deiner selbst,
keine zweitklassige von jemand anderem."
Judy Garland, US-amerikanische Schauspielerin und Sängerin, 1922–1969

Ein guter Freund – nennen wir ihn Ben – ist Dauer-Single. Seit vielen Jahren sucht er via Onlinedating nach seinem Herzblatt. Die Fotos in seinem Profil, mit denen er sich den Ladys vorstellt, sind der Hammer. Er hat sie von einem brillanten Fotografen machen lassen, und ich würde ihn darauf als den „neuen James Dean" beschreiben. Auch die Bewerberinnen sind restlos begeistert. Ben bekommt massenhaft Zuschriften und trifft sich regelmäßig mit den heißesten Frauen, die er meist im edlen Joop-Anzug in teure Münchner Restaurants ausführt. Hört sich alles perfekt an, oder? Jetzt fragst du dich sicher, weshalb Ben schon ein halbes Jahrzehnt als unfreiwilliger Junggeselle durchs Leben marschiert. Bei seinen „perfekten Dates" verabschieden sich die Frauen meist vor dem Dessert von Benny „Dean". Woran liegt das? Der Kavalier ist nicht der, für den er sich ausgibt. Man könnte auch sagen: Ben ist nicht echt. Ihm fehlt es an Authentizität. Zwischen den Fotos im Internet und seiner wahren Erscheinung klaffen Welten wie zwischen „Rammstein“ und den „Kastelruther Spatzen“. Der maskuline und coole Aufreißer auf den Bildern entpuppt sich beim Livetreff im Nu als weicher und zurückhaltender Zeitgenosse. Ben ist weder der Lederjacken- noch der Anzugtyp. Privat trägt er am liebsten schlabbrige Jeans, verwaschene Shirts und lässige Sneakers. Zur Höchstform läuft er nicht in vornehmen Schickimicki-Restaurants auf, sondern beim Bier in rustikalen Kneipen. Wenn Ben tatsächlich seine Traumfrau kennenlernen möchte, wäre es hilfreich, wenn er in sein Onlineprofil Fotos einstellen würde, die ihn zeigen, wie er tatsächlich ist. Er sollte sich beim ersten Date für ein zu ihm passendes Outfit entscheiden und sich an einem Ort treffen, an dem er sich wohlfühlt. Ich kann verstehen, dass die Mädels enttäuscht sind, wenn sie Ben sehen. Er schürt Erwartungen, die er nicht erfüllen kann. Wer unterhält sich schon gerne mit einem Menschen, der sich hinter einer Maske versteckt?

In jedem von uns steckt ein kleiner „Ben“. Von Zeit zu Zeit schlüpfst auch du in noble Kostüme, um dich von deiner Schokoladenseite zu präsentieren. Im Vorstellungsgespräch mit deinem neuen Chef wird dein „Bummeljahr“ in Spanien schnell zum wichtigen Auslandsaufenthalt, in dem du Sprachkenntnisse von unschätzbarem Wert erworben hast. Du lachst am lautesten, wenn andere Menschen sich über deine Problemzonen lustig machen, obwohl es dich in Wahrheit zutiefst verletzt. Und bei deinen Verwandten spielst du alle Jahre wieder an Weihnachten den „netten Jungen von nebenan“, obwohl du ihnen schon lange hättest sagen sollen, dass du schwul bist. Warum willst du hin und wieder etwas anderes darstellen, als du in Wirklichkeit bist? Es ist die Angst, deinem Umfeld nicht zu genügen und im Vergleich mit anderen Menschen schlechter abzuschneiden. Vielleicht hat sich ja der beliebte erzieherische Zeigefinger „Was sollen bloß die anderen denken?“ fest in dein Gehirn eingebrannt. Oder du hast dich in der Pubertät mit deinen Freunden verglichen und bist zu dem Ergebnis gekommen, dass sie mehr Möglichkeiten im Leben haben als du. Irgendwann hast du beschlossen, alles daranzusetzen, um deinen „Makel“ zu übertünchen. Das ist der Grund, weshalb sich kleine Männer in hohe Plateauschuhe zwängen, Pseudointellektuelle ihre Ansichten in hochtrabende Fremdwörter hüllen und reife Herren mit Cabrios betont jugendlich durch die Straßen „cruisen“. Das Problem bei den Täuschungsmanövern ist nur: Deine Mitmenschen merken recht schnell, was du durch dein Verhalten verbergen willst.

Überlege dir bei deiner nächsten „Zehn“, in welchen Situationen du dir selbst untreu wirst. Im Gespräch mit deinem Vorgesetzten verändert sich deine Mimik und Gestik. Um ihm zu imponieren, versuchst du, dich möglichst gewählt auszudrücken und selbstbewusst zu wirken. Doch in Wahrheit erreichst du durch dein Verbiegen genau das Gegenteil: Du wirkst unsicher und bremst deine Spontaneität. Deinen Schwiegereltern versuchst du das Bild eines intakten Ehelebens vorzugaukeln, obwohl du längst in ganz anderen Tümpeln angelst? Auch wenn du über ein ausgeprägtes schauspielerisches Talent verfügst – deine Mitmenschen werden den Sand bemerken, den du ihnen in die Augen streust. Die Briten nennen solche Ablenkungsmanöver „Red Herring“. Früher

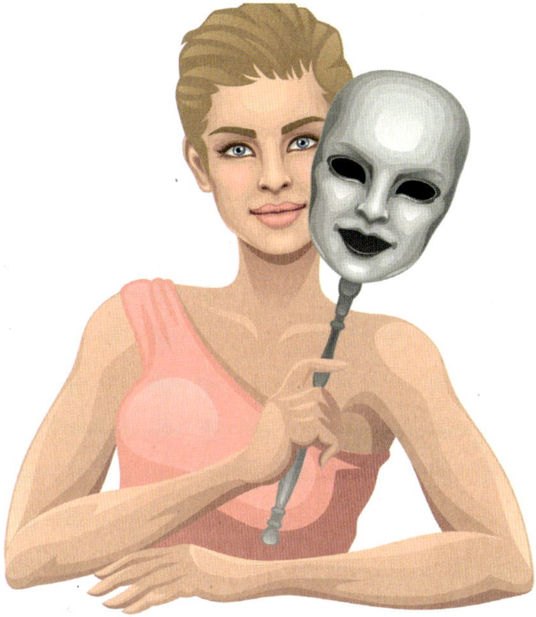

legten Schurken auf ihrer Flucht mit Vorliebe rote Heringe aus. Durch den markanten Geruch lockten sie die Spürhunde, die hinter ihnen herjagten, auf eine falsche Fährte. Mit welchen „stinkenden Fischen" versuchst du zu verhindern, dass dir deine Mitmenschen auf die Schliche kommen?

Weshalb zündest du in bestimmten Lebenslagen Nebelkerzen, um den Blick auf dein wahres Naturell zu verwehren?

Was haben Lady Gaga, Cindy aus Marzahn und Marilyn Manson gemeinsam? Sie sind allesamt Kunstfiguren. Ihr maskenhafter Auftritt beeindruckt dich womöglich eine geraume Zeit. Doch irgendwann wird dir ihre „Masche" zu langweilig, und du würdest gerne die wahre Person hinter der Fassade kennenlernen. Bleibt dir das verwehrt, verlierst du nach und nach das Interesse. Deshalb haben Kunstfiguren häufig nur eine kurze „Lebensdauer". Eine solide Karriere gelingt vor allem Persönlichkeiten, die authentisch und ein Stück weit (be)greifbar für ihre Fans sind. Tina Turner, Karl Lagerfeld oder auch der Dalai Lama sind vor der Kamera nicht anders, als wenn das Scheinwerferlicht erlischt. Diese Echtheit wird von den Menschen sehr geschätzt.

Werde dir über deine Stärken und Schwächen klar und akzeptiere dich, wie du bist. Es ist völlig in Ordnung, wenn du Ecken und Kanten hast. Du brauchst sie nicht abzuschleifen. Es gibt schon zu viele runde Tische im großen Ballsaal der Eitelkeiten.

Durch dein regelmäßiges „Zehn"-Training bekommst du unmittelbaren Zugang zu deiner Intuition. Höre auf dein Bauchgefühl und handle nach ihm. Du hast es nicht nötig, anderen zu imponieren oder dein Auftreten äußeren Erwartungen anzupassen. Ist es wirklich so wichtig, was andere über dich denken? Fakt ist: Du wirst es nie allen recht machen. Immer wird irgendjemand deinen Lebenswandel ausschweifend, deine Klamotten peinlich und deine Art anmaßend finden. Es ist wirklich sehr anstrengend, „Everybody's Darling" sein zu wollen – letztendlich ist das gar nicht möglich. Zumal Menschen, die an allem herumkritteln, meist auch nicht gerade happy mit sich und ihrem eigenen Leben sind.

Unverfälscht zu sein bedeutet, Fehler machen zu dürfen und die eigene Unvollkommenheit zu akzeptieren. Das macht dich sympathisch und menschlich. Gerade deine kleinen Macken machen dich für andere liebenswert. „Echte" Menschen polarisieren. Es wird auch Personen geben, denen dein unverstelltes Wesen auf die Nerven geht und die dir das auch deutlich zeigen. So what! Du bist ein Original – mit all deinen Verrücktheiten. Es ist ein großartiges Gefühl, so zu sein, wie du bist, und unabhängig über dein eigenes Leben zu verfügen.

Bud your Life!-Trainingsplan:
Original und Fälschung

- Aus Angst, deinem Umfeld nicht zu genügen, schlüpfst du von Zeit zu Zeit in bestimmte Rollen und versuchst deine Schwachpunkte zu verbergen.

- Deine Mitmenschen merken recht schnell, wenn du durch Nebelkerzen den Blick auf dein wahres Naturell verwehrst.

- Welche „roten Heringe“ legst du aus, um deine Mitmenschen auf die falsche Fährte zu locken? Weshalb möchtest du verhindern, dass dir dein Umfeld auf die Schliche kommt?

- Verschanze dich nicht hinter einer Fassade. Stehe zu deinen Stärken und Schwächen und versuche nicht, äußeren Erwartungen zu genügen. Verschwende keine Energie auf die Frage, was andere über dich denken mögen.

- Gestehe dir zu, Fehler zu machen und unvollkommen zu sein. Das macht dich menschlich und liebenswert.

FEUER UND FLAMME

„Der Sinn des Lebens besteht darin, deine Gabe zu finden. Der Zweck des Lebens ist, sie zu verschenken."

Pablo Picasso, spanischer Maler, 1881–1973

Vor einigen Jahren lernte ich Cheyenne, eine Indianerin, kennen. Im Laufe unseres Gesprächs, in dem sie mir spannende Geschichten über ihre Vorfahren erzählte, fragte sie mich, ob ich in meiner Freizeit etwas mit meinen Händen erschaffe. Töpfern? Zeichnen? Heimwerkern? Keines davon ist oder war je eine Leidenschaft von mir. Umgehend verneinte ich ihre Frage und erkundigte mich neugierig, wie sie zu dieser Annahme käme. Indianer, so erzählte mir Cheyenne, seien überzeugt, dass Talente häufig im körperlichen Erscheinungsbild eines Menschen zum Ausdruck kämen. Die schlaue Indianerin verwies mich auf meine langen, filigranen Finger und prophezeite, dass die Hände in meinem Leben noch eine wichtige Rolle spielen würden. Zuhause grübelte ich, ob in mir nicht doch ein unerkannter Mozart oder ein heimlicher Picasso steckt. Höchst unwahrscheinlich! Den Flohwalzer spiele ich auf dem Klavier vollkommen stümperhaft, und meine Zeichenkünste erinnern verdächtig an den Horrorfilm „Paperhouse – Albträume werden wahr", in dem ein stummes Mädchen satanische Bilder malt. Erst einige Zeit später, als ich mich mit der Idee zu „Bud your Life!" an meinem Laptop setzte und über viele Stunden leidenschaftlich dieses Buch „modellierte", wurde mir bewusst, was Cheyenne mit ihrer Prophezeiung meinte.

Schau dich in deinem Familien- und Bekanntenkreis um. Vielleicht findest du Blutsbrüder, die den Namen „Schlauer Luchs" oder „Flinkes Wiesel" verdient hätten. Auch Mitglieder wie „Brunftiger Hirsch", „Schnatternde Gans" und „Falsche Kröte" könnten zu deinem Stamm gehören. Ich bin überzeugt, dass jeder Mensch mit (mindestens) einem unverkennbaren Talent gesegnet ist. Auch du hast so eine außergewöhnliche Gabe, die dich besonders macht, weil du sie einzigartig beherrschst. Deine Aufgabe ist es, dich auf die Suche nach deinen kostbaren Edelsteinen zu begeben und sie zu einer wertvollen Perlenkette zu verknüpfen.

Häufig suchen sich bestimmte funkelnde Begabungen bereits in der Kindheit ihren Ausdruck. Kein Wunder, dass die berühmten deutschen Moderatoren Thomas Gottschalk, Jürgen von der Lippe und Alfred Biolek bereits als junge Burschen zum großen Auftritt drängten. Als Messdiener bespielten sie die „heiligen Bühnen" ihrer Dorfkirchen mit Gesängen, üppigen Roben und Weihrauchschwaden. Eine großartige Vorbereitung für ihre Rolle als Entertainer in ihren späteren Samstagabend-Shows.

In erster Linie ist deine Begabung für dich reinstes Vergnügen. Sie erfüllt dich. Du verlierst dich regelrecht in der Zeit. Hattest du schon einmal ein Flow-Erlebnis? Einen Schaffensrausch, bei dem du restlos in einer bestimmten Tätigkeit aufgehst und Zeit und Raum um dich herum vergisst. Der Musiker, der sich komplett seinen Kompositionen verschreibt und dabei seine Familie und Freunde vernachlässigt; der Motorradfreak, der voll und ganz in seinem Fahrvergnügen aufgeht; der Zocker, der sich derart in ein Computerspiel vertieft, dass er Essen und Schlafen vergisst – all dies sind Beispiele für Menschen, die einen Flow erleben, indem sie ganz in dem aufgehen, was sie gerade tun.

Als ich mich an mein Notebook setzte und an diesem Buch schrieb, vergingen die Tage wie im Flug. Ich öffnete nicht die Haustüre, wenn der Postbote klingelte, und ging nicht ans Handy, wenn jemand versuchte, mich anzurufen. Mit jeder Zelle und jeder Pore konzentrierte ich mich auf das Schreiben, was mich enorm erfüllte. Muss ich jedoch an demselben Laptop die Zahlen für meine Steuererklärung eingeben, ziehen sich die Minuten endlos hin. Ich bin schlecht gelaunt, verfluche das komplizierte deutsche Steuersystem und lasse mich gerne von Chats, Telefonanrufen und klingelnden Briefträgern aus der bürokratischen Tristesse befreien. Darin liegt der Unterschied zwischen „Pflicht" und „Kür". Egal ob beim Schreiben, Schachspielen, Fotografieren, Sport, Kochen oder Stricken – einen Flow kannst du bei allen Beschäftigungen durchleben. Wenn er dir darüber hinaus in deiner Arbeit von Nutzen ist: Bingo! Nicht viele Leute können behaupten, dass sie ihr Hobby zum Beruf gemacht haben.

Häufig werden uns unsere besonderen Fähigkeiten „in die Wiege" gelegt. Doch manchmal dauert es einige Zeit, bis wir den

Kokon um das Talent knacken können. Die Wandlung von der Puppe zum Schmetterling wird hin und wieder von unserer Umwelt behindert. Nehmen wir den achtjährigen Jungen, der für sein Leben gern tanzt. Seine eindringliche Bitte, eine Tanzschule besuchen zu dürfen, würgen seine Eltern ab: „Du bist doch kein Mädchen!“ Mit diesem Argument signalisieren sie ihrem Sohn, dass sein Wunsch nicht normal ist, woraufhin er seine Leidenschaft womöglich unterdrückt. Du kannst dich glücklich schätzen, wenn es einen objektiven Menschen in deiner Umgebung gibt, der dein Können erkennt und fördert. Um ein erfülltes Leben zu führen, wird dir in den meisten Fällen nichts anderes übrig bleiben, als selbst nach deinem Schatz zu graben.

Zeit, dass wir uns auf die Suche nach deiner Mission begeben. Lege dir nach deiner nächsten „Zehn" Zettel und Stift bereit und schreibe auf, wofür du in deinem Leben brennst. Was liegt dir besonders am Herzen? Wofür bekommst du von anderen Menschen häufig Komplimente? Welche drei Sehnsüchte würdest du dir von der berühmt-berüchtigten guten Fee erfüllen lassen? Herumspinnen ist dabei ausdrücklich erlaubt! Lass dich weder von deiner Vernunft noch von Gedanken daran, was andere über dich denken könnten, bei deinem verrückten Wunschkonzert bremsen.

Je öfter du dich auf deine persönliche Talentsuche begibst, desto sinnvoller wirst du dein Leben gestalten. Nach einiger Zeit beginnst du vielleicht die Geschenke, die dich selbst erfüllen, mit deinen Mitmenschen zu teilen. Du bist für andere da, ohne nachzudenken, was für dich selbst dabei herausspringt. Du hilfst, weil es dir Spaß macht. Die Krönung deiner Suche nach dem „Sinn des Lebens" ist, dass du aufhörst, nach dem „Sinn des Lebens" zu suchen. Du vertraust der „inneren Stimme" und handelst nach deinem Bauchgefühl.

Buddhisten sind sich sicher, dass jedes Lebewesen auf der Erde eine bestimmte Funktion hat, die es im Dienste der Allgemeinheit einbringen kann. Auch du hast eine bestimmte Leidenschaft, die nicht nur dich selbst erfüllt, sondern die du zum Wohle deiner Stammesmitglieder einbringen kannst.

Bud your Life!-Trainingsplan:
Feuer und Flamme

- Jeder Mensch trägt besondere Gaben in sich, die ihm häufig schon in die Wiege gelegt sind. Deine Aufgabe ist es, den Kokon um deine Talente zu knacken.

- Bei welcher Leidenschaft erlebst du einen Flow? Begib dich auf die Suche nach deinen Leidenschaften, die dich Raum und Zeit vergessen lassen.

- Schreibe nach deiner nächsten „Zehn“ auf, was dir in deinem Leben besonders am Herzen liegt. Wofür bekommst du häufig Komplimente? Welche drei Wünsche würdest du dir gerne erfüllen? Finde zu deiner sinnvollen Mission.

- Jedes Lebewesen hat eine bestimmte Fähigkeit, die es zum Wohlbefinden der Allgemeinheit einsetzen kann. Überlege, wie du deine Geschenke mit deinen Mitmenschen teilen kannst.

DIE PERFEKTE WELLE

„Ich glaube, wenn dir das Leben Zitronen beschert, dann solltest du Limonade machen und jemanden finden, dem das Leben Wodka beschert hat, um zusammen eine Party feiern zu können."

Ron White, amerikanischer Comedian und Schauspieler, *1956

Ich war keine Leuchte in naturwissenschaftlichen Fächern. Sinuskurven und Ohmsches Gesetz – das waren und sind für mich Begegnungen der dritten Art. Kein Wunder, dass mir meine Mathematik- und Physiklehrer immer wie Außerirdische vorkamen: Sie sahen komisch aus, sprachen eine andere Sprache und bewegten sich in anderen Sphären.

Trotz meiner Abneigung gegen Formelsammlungen und Koordinatensysteme – eines habe ich mir in meinem rudimentären naturwissenschaftlichen Gedächtnis gemerkt: Strom geht immer den Weg des geringsten Widerstandes. Und nicht nur Strom, sondern auch das fließende Wasser, das wachsende Gras und die

Strahlen des Sonnenscheins: Sie alle „wählen" den direkten und schnellen Weg, um voranzukommen. Oder hast du schon einmal einen Vogel beobachtet, der sich krampfhaft abmüht, um zu fliegen? Deine Zimmerpflanze stöhnt nicht erschöpft auf, weil sie wieder einen Schub wächst. Sie tut es einfach. Und dein Hund beklagt sich beim Gassigehen nicht, dass er immer so viel laufen muss. Er genießt es. Alles in der Natur geschieht vermeintlich locker, lässig und reibungslos.

Diesen Weg, durch wenig Aufwand mehr Erfolg zu haben, kannst auch du dir beim Erreichen deiner Ziele zunutze machen. Klar ist es wichtig, im Leben auch mal die Zähne zusammenzubeißen und alles zu geben, wenn du etwas erreichen möchtest. Ohne Disziplin und Ehrgeiz wäre Neil Armstrong nie auf dem Mond gelandet. Steffi Graf wäre nicht zu einer der besten Tennisspielerinnen geworden und Michael Jackson nicht zum „King of Pop" aufgestiegen. Du kannst noch so viele Talente in die Wiege gelegt bekommen – du wirst sie nicht entwickeln, wenn es dir an Motivation und Zielstrebigkeit fehlt. Damit gewinnst du den Respekt und die Anerkennung deiner Mitmenschen. Unsexy wirkt dagegen übertriebener Perfektionismus. Sicherlich kannst du dich noch an den „Klassenstreber" erinnern, der verbissen nach den besten Zensuren lechzte und in Tränen ausbrach, wenn seine Klausur nur mit „Gut" bewertet wurde. Im Berufsleben mutiert der „Musterschüler" meist zum „Karrieristen" oder, wenn er sich seiner Fähigkeiten unsicher ist, zum „Speichellecker". Ehrgeizlinge wirken häufig verbissen und unentspannt. Sie wecken den Verdacht, dass sie durch ihre übertriebene Strebsamkeit womöglich bestimmte fachliche oder charakterliche Defizite übertünchen müssen.

Perfektionisten beschäftigt vor allem die Frage „Was denken die anderen über mich?“. Sie gieren nach Anerkennung und fallen in ein tiefes Loch, wenn das Lob des Chefs oder die Anerkennung der Umwelt ausbleibt. Ihr krampfhaftes Streben sorgt dafür, dass sie ihr Leben nicht genießen und sich über Erfolgserlebnisse nicht wirklich freuen können.

Je hartnäckiger du dich anbietest, desto reizloser wirkst du auf deine Umwelt. Das gilt sowohl beim Buhlen um einen Partner als auch beim Vorstellungsgespräch für einen neuen Job. Stell dir vor, du bist der Chef eines mittelständigen Unternehmens und suchst einen Assistenten, mit dem du in Zukunft eng zusammenarbeiten musst. Zwei Bewerber haben es in die engere Wahl geschafft, und heute Nachmittag lernst du die beiden Kandidaten endlich persönlich kennen. Der erste Jobanwärter bringt die besten Voraussetzungen und Fähigkeiten für die Tätigkeit mit. Er weiß, was er dir und deiner Firma zu bieten hat, ist äußerst eloquent und unterstreicht während des Gespräches deutlich seine Überfliegerqualitäten. Der zweite Interessent hat bei Weitem weniger Berufserfahrung. Im persönlichen Gespräch zeigt er dir ehrlich auf, was er gut kann und in welchen Bereichen er Nachholbedarf sieht. Er ist weniger von sich überzeugt als sein Vorgänger, dafür wirkt er zugänglicher, menschlicher und motiviert genug, um die neue Herausforderung zu bewältigen. Wer macht das Rennen bei dir? Der selbstbewusste Senkrechtstarter oder der sympathische Berufseinsteiger?

Wir Menschen wollen uns nicht mit dem Vorschlaghammer zu unserem Glück zwingen lassen, sondern selbst entscheiden, wen und was wir gut finden. Übersteigertes Bemühen und aufgeblähtes Geltungsbedürfnis wirken suspekt und abstoßend.

Widme dich bei deiner nächsten „Zehn“ den Themen, die dich derzeit belasten. Ärgere dich nicht über diese Felsen, die deinen Lebensfluss behindern. Indem du alle Gegebenheiten annimmst, wie sie sind, und ihnen freien Lauf lässt, nimmst du deinen Sorgen die Schwere. Das ermöglicht es dir, gelassen und kreativ mit den komplizierten Umständen umzugehen und das Beste aus deiner aktuellen Lage zu machen. Das wusste übrigens schon der große deutsche Dichter Johann Wolfgang von Goethe: „Auch aus Steinen, die einem in den Weg gelegt werden, kann man Schönes bauen." Durch diese Denkweise verwandelst du verfahrene Situationen in neue Chancen und machst aus den Plagegeistern, die dich gängeln, kurzerhand Lehrer, die deine persönliche Entwicklung vorantreiben. Wie schon gesagt, sind die Menschen und Geschehnisse, die dir tagtäglich begegnen, an sich weder „gut" noch „schlecht". Allein dein Denken macht sie zu Auslösern für Probleme, Ängste oder Sehnsüchte. Durch die „Zehn"-Meditation gestattest du deinem Lebenslauf etwas Spielraum. So grämst du dich nicht, wenn du den Zuschlag für deinen Traumjob noch nicht bekommen hast oder du es in deiner Familie wieder einmal niemandem recht machen kannst.

„Ich entschloss mich schon sehr früh, das Leben ohne Wenn und Aber einfach hinzunehmen. Ich habe nie erwartet, dass es etwas Besonderes für mich bereithält, und doch scheine ich weit mehr erreicht zu haben, als ich mir je erhofft hatte. Meistens geschah es, ohne dass ich je danach gesucht hätte."

Dieses Zitat stammt von der Leinwandlegende Audrey Hepburn. Ihre gesunde Lebenseinstellung trug sicherlich dazu bei, dass sie für ihre grazile Coolness von Männern wie von Frauen verehrt wurde. Und auch du wirkst in privater und beruflicher Hinsicht weitaus attraktiver auf Menschen, wenn du zwar ein gesundes Engagement an den Tag legst, zugleich aber innere Ruhe bewahrst. Zielorientiert, aber dennoch gelassen und flexibel sein –

diese hohe Lebenskunst kannst du dir in deiner täglichen „Zehn"-Sitzung aneignen. Lass den Geist zur Ruhe kommen und nimm dir vor, deine eingefahrenen Meinungen und Standpunkte loszulassen. Spüre deine taktischen Manöver auf, die du mühsam konstruiert hast, um dich an bestimmte Ziele und Menschen heranzupirschen. Gib dich dem Fluss des Lebens hin und schwimme nicht angestrengt gegen den Strom. Hänge keinen verpassten Chancen nach und überhebe dich nicht an übersteigerten Zukunftsvisionen. Verabschiede dich von den mühsamen Hürdenläufen, schlängelnden Serpentinen und verwirrenden Labyrinthen, die dein Leben unnötig verkomplizieren. An Silvester fasst du gute Vorsätze, die du dann im neuen Jahr sowieso nicht umsetzt. Woran liegt das? Dein Verstand sagt dir zwar, dass du ein paar Kilo zu viel auf die Waage bringst, Rauchen ungesund ist und du viel Geld verdienen willst. Du verfolgst deine Wünsche aber nicht aus voller Überzeugung. Sie sind dir nicht wichtig genug. Verinnerliche die Sehnsüchte, nach denen du aufrichtig strebst. Den Berggipfel, den du erklimmen möchtest, hast du dann klar vor Augen und nimmst den direkten Weg dorthin. Du wanderst in deinem Tempo und pfeifst dabei dein Lieblingslied. Alles, was dir auf deiner Tour widerfährt, hat seine Richtigkeit. Du weißt, dass die Knospen am Baum deines Lebens von selbst aufspringen, wenn die Zeit reif dafür ist – und zwar ganz ohne dass du sie mit der „Brechstange" aufstemmen müsstest. Mach es wie die Vögel, die fliegen, das Gras, das wächst, und das Wasser, das im Flussbett entlangrauscht: Sie sorgen sich nicht um ihr Vorankommen. Sie lassen sich treiben und vertrauen darauf, dass sie ihr Ziel mühelos erreichen.

Bud your Life!-Trainingsplan:
Die perfekte Welle

Ob fließendes Wasser, fliegende Vögel oder wachsende Pflanzen – alles in der Natur wählt den direkten und reibungslosen Weg.

Sieh in komplizierten Umständen Herausforderungen. Erkenne in Störenfrieden, die dich piesacken, Lehrmeister deines Lebens.

Es ist gut, diszipliniert und motiviert zu sein. Übersteigerter Ehrgeiz raubt dir jedoch die Lebenslust und lässt dich unsympathisch wirken.

Nimm dir im Zuge der „Zehn" vor, deine eingefahrenen Standpunkte und deine verbissen verfolgten Ziele loszulassen. Gib dich dem Fluss des Lebens hin und schwimme nicht angestrengt gegen den Strom.

Verinnerliche deine Ziele und vertraue darauf, dass die Knospen deines Lebensbaumes von selbst aufspringen, wenn die Zeit reif dafür ist. Du benötigst keine Brechstange dafür.

BUDDHA TO GO

„Die beste Zeit zu entspannen ist,
wenn man keine Zeit dafür hat."
Sydney J. Harris, US-amerikanischer Journalist, 1917–1986

Schön, dass du dich so gut im meditativen Trainingscamp eingelebt hast. Das Ergebnis davon stelle ich mir ungefähr so vor: Mittlerweile hast du dir ein Zeitfenster gesucht, in dem du ungestört zehn Minuten lang deinen Geist zur Ruhe bringen kannst. Du lieferst dir ein heißes Duell mit deinen Stimmungskillern Neid, Gier und Eifersucht. Deine Ängste, Sorgen und Erwartungen kannst du immer öfter über Bord werfen, und du lebst häufiger im Moment. In deinen eigenen vier Wänden kommst du blendend zurecht.

Was ist aber mit dem Stress und den Belastungen, denen du in den Minenfeldern vor deiner Haustüre ausgesetzt bist? Wenn du zum Beispiel Kinder hast und berufstätig bist, geht dir womöglich die Doppelbelastung gehörig an die Substanz. Der Spagat, den du

Tag für Tag zwischen deinem anstrengenden Job und den Pflichten als Familienmanagerin vollziehst, stellt dich vor eine große Zerreißprobe. Ja, du funktionierst und versuchst es allen Menschen in deinem Umfeld recht zu machen. Du selbst bist dabei aber schon längst auf der Strecke geblieben.

Oder du fühlst dich als Vater und „Ernährer" in der Pflicht, deiner Familie ein angenehmes Leben zu bieten. Deine Kinder erwarten Tablets und Spielkonsolen, schließlich gehört das zur Grundausstattung in der heutigen Zeit. Die Erwartungen an den Familienurlaub steigen von Jahr zu Jahr. Mit dem „Europapark" bei Freiburg kannst du deine Kids schon lange nicht mehr aus dem Fernsehsessel locken. Eher soll das Ferienziel „Universal's Island of Adventure" in Orlando, Florida, sein. Dein Boss erwartet von dir, dass du rund um die Uhr erreichbar bist. Deine Frau ist wütend und schlägt vor, dass du eher mit deinem Chef zusammenziehen solltest.

Als Student siehst du dich großen existenziellen Sorgen ausgesetzt. Wie du dein forderndes Studium, deine Freunde und den Nebenjob als Kellner unter einen Hut bringen sollst, stellt sich für dich als „Quadratur des Kreises" dar.

Als Rentnerin, die ihr ganzes Leben lang tüchtig gearbeitet hat, siehst du dich heute gezwungen, jeden Euro zweimal umzudrehen. Du fühlst dich zunehmend in deiner Bewegungsfreiheit beeinträchtigt – sowohl finanziell als auch körperlich. Immer häufiger siehst du dich mit Krankheiten und dem Tod konfrontiert. Es fröstelt dich bei dem Gedanken, dich irgendwann nicht mehr selbst versorgen zu können. Das alles belastet dich sehr.

Egal in welcher Lebensphase du dich befindest: Du wirst von einer Vielzahl an Stressfaktoren geplagt. Deine Arbeitszeit überschneidet sich mit den Öffnungszeiten des Kindergartens. Dein monatliches Einkommen reicht nicht aus, um deiner Familie ein komfortables Leben zu bieten. Ein risikoreicher chirurgischer Eingriff bereitet dir schlaflose Nächte. An bedrohlichen Hiobsbotschaften mangelt es wahrlich nicht. Die Unannehmlichkeiten, die tagtäglich auf dich einströmen, kannst du nicht beeinflussen. Was du aber verändern kannst, ist deine eigene Haltung gegenüber den Belastungen. Wie den „Coffee to go" und das „Brötchen auf die Hand", die du dir in einer kurzen Pause gönnst, kannst du an einem strapaziösen Tag deinen Geist zwischendurch zur Ruhe kommen und „die Stresstropfen" an dir abperlen lassen. Keine Angst – du brauchst keine komischen Verrenkungen auf deinem Bürostuhl zu machen oder dein Meditationskissen in der überfüllten Bahn auszubreiten. Es ist möglich, in allen Lebenslagen und in jeder Körperposition zu meditieren, egal ob im Liegen, Sitzen, Stehen oder Gehen. Achte lediglich darauf, dass du deinen Rücken und deinen Kopf aufrecht hältst – ganz so, als ob dein Oberkörper von einem Marionettenspieler sachte in die Höhe gezogen und gehalten wird. Deine Augen schließt du oder du richtest deinen Blick in die Ferne, ohne einen bestimmten Punkt zu fokussieren. Es ist hilfreich, wenn du dir bereits zu Hause die Basics der „Zehn"-Meditation in Ruhe angeeignet hast. Dadurch bringst du deinen Geist schneller in den Modus der Achtsamkeit und Gelassenheit.

Buddha im Büro

Du sitzt auf dem Drehstuhl im Büro vor deinem PC und bist genervt von deinem cholerischen Chef und den nörgelnden Kunden. Gönne dir eine kurze Frustpause und konzentriere dich auf die Stuhlmeditation. Setze dich aufrecht auf deinen Stuhl, lasse die Schultern sinken und entspanne deinen Nacken. Die Hände legst du locker auf deine Oberschenkel. Schließe die Augen und sei einfach nur bei dir. Registriere, wie sich die Polsterung deines Stuhls unter deinem Po anfühlt, und nimm die Geräusche um dich herum wahr – zum Beispiel das Bimmeln des Telefons – bewerte sie aber nicht. Mit jedem Ein- und Ausatmen lässt du die Stressgeneräle aufmarschieren und wieder abtreten. Dabei spielt es keine Rolle, wie viel Zeit du hast. Selbst eine Minute oder auch nur 30 Sekunden reichen aus, um die dunklen Wolken in deinem Geist fortzupusten und dein Gemüt von Sonnenstrahlen durchdringen zu lassen. Und auch den eventuell verpassten Anruf kannst du dann viel entspannter tätigen. Wahlweise kannst du die Augen auch geöffnet lassen und in die Ferne blicken, ohne ein bestimmtes Objekt zu fokussieren. So vermittelst du deinen Kollegen, dass du nachdenkst, und brauchst sie nicht in dein „Buddha to go"-Geheimnis einzuweihen. Die Sitzmeditation lässt sich auch super in der Sauna oder während eines Flugs bzw. einer Bahnfahrt anwenden. Wenn du unterwegs bist und ein wichtiges Gespräch vor dir hast, hältst du auf dem Parkplatz in deinem Auto noch einmal kurz inne, richtest deinen Oberkörper auf, schließt die Augen und atmest ruhig durch. Auf diese Weise lässt du Stress los, sortierst deine Gedanken und gehst dann klar und gelassen in das Meeting.

Buddha im Supermarkt

Das Anstehen an hoffnungslos überlasteten Kassen oder das Warten auf Ämtern ist für dich der Inbegriff vergeudeter Lebenszeit und lässt deinen Blutdruck regelmäßig in die Höhe schnellen? Dann nutze doch die Baummeditation und hauche dem lästigen Ausharren Sinn ein. Verteile dein Gewicht gleichmäßig auf beide Beine. Nun richtest du deinen Blick in die Ferne, ohne ein bestimmtes Objekt zu fokussieren. Lass die Arme locker hängen oder lege sie entspannt auf dem Einkaufswagen ab. Stelle dir vor, du bist ein stattlicher Baum, der erhaben im Wald steht. Ob du eine prächtige Robinie, eine biegsame Birke oder ein kräftiger Kirschbaum bist, überlasse ich voll und ganz dir. Deine Beine verwandeln sich in einen kraftvollen Stamm, und aus deinen Fußsohlen wachsen Wurzeln, die wohlige Energie in deinen Oberkörper saugen. Mit jedem Einatmen ziehst du Wohlgefühl ein und atmest danach verbrauchte Energie aus. Du wirst überrascht sein, wie frisch du dich nach der Baummeditation fühlst. Was glaubst du, wie verdutzt die Kassiererin reagieren wird, wenn du bei ihr mit freundlichen Gesten bezahlst und aus der Masse der schlecht gelaunten Kunden heraussstichst. Die Baummeditation funktioniert selbstverständlich auch in der überfüllten U-Bahn, beim Konzert oder in der Kirche, wenn die Predigt des Pfarrers wieder einmal nicht enden will.

Buddha am Flughafen

Abgehetzt triffst du am Airport ein, um nach einem nervenaufreibenden Arbeitstag deine Geschäftsreise nach London anzutreten. Nimm dir auf dem Weg zu deinem Abfluggate einige Augenblicke Zeit für die Gehmeditation. Jetzt bist du baff, oder? Meditieren im Gehen – das geht doch gar nicht. Oh doch! Normalerweise versuchst du deine Wege im Alltag, bei Erledigungen in der Stadt oder eben am Flughafen so schnell wie möglich zurückzulegen. Bei der Gehmeditation machst du genau das Gegenteil: Du zelebrierst die Langsamkeit des Seins. Halte inne und atme tief durch. Achte auf deinen Nacken, deinen Rücken und dein Becken und lasse Anspannung, die du da spürst, so weit wie möglich los. Stelle dir vor, du bist ein König, der erhaben zu seinem Thron schreitet, um sich krönen zu lassen. Links und rechts jubelt dir dein Hofstaat euphorisch zu – im Falle des Flughafens alle mit einem Trolley an der Hand. Dein Rücken und dein Kopf sind aufrecht, und du setzt ganz bewusst einen Schritt vor den anderen. Nimm den Boden unter deinen Füßen wahr. Wie fühlt es sich an, wenn dein Ballen abrollt? Was machen deine Kniegelenke, dein Becken und deine Schultern, wenn du dich bewegst. Feierlich und bedächtig schreitest du zu deinem Schalter. Durch diese Methode holst du dich ins Hier und Jetzt und trainierst deine Achtsamkeit. Du kannst die Gehmeditation selbstverständlich auch während eines Spaziergangs, auf dem Flur deiner Firma oder nach dem Aufstehen auf dem Weg ins Bad anwenden.

Buddha im Bett

Ich bin ein passionierter „Spät-ins-Bett-Geher" und ein noch leidenschaftlicherer Langschläfer. Leider kommt es häufig vor, dass ich – gezwungen durch die Frühschicht – meinen Schlafrhythmus umstellen muss. Mich um 21 Uhr ins Bett zu legen und um 5.00 Uhr morgens aufzustehen, grenzt für mich an mittelschwere Körperverletzung. Um nicht zu verschlafen, wälze ich mich in meinem Bett von einer Seite zur anderen, schaue im Stundentakt auf meinen Wecker und ärgere mich gewaltig über meine Schlafstörungen. Am nächsten Morgen wache ich gerädert auf und versuche, halbwegs unbeschadet durch den Tag zu kommen. Kommt dir das bekannt vor? Dann wende vor deiner nächsten schlaflosen Nacht die Liegemeditation an. Nimm in deinem Bett eine entspannte Position ein. Dein Kopf ruht sanft auf dem Kissen. Du liegst auf dem Rücken und streckst bequem deine Arme und Beine auf der Matratze aus. Die Decke ziehst du ganz normal über deinen Körper. So weit: Sleeping as usual. Für gewöhnlich schleichen sich nun die „Höhepunkte" und „Tiefschläge" des Tages sowie Grübeleien über den kommenden Tag in deine Gedanken. Lass sie kommen, aber schenke ihnen nicht allzu viel Beachtung. Atme bewusst ein und aus und spüre, wie sich deine Bauchdecke hebt und senkt. Statte allen Muskelgruppen einen Besuch ab und lade sie ein, ihr Gewicht einfach an die Matratze abzugeben. Entspanne nach und nach die Beine, die Hüften, den Rücken und den Nacken sowie die Gesichtsmuskulatur. Erstelle in deinem Geist eine Liste der Dinge, für die du dankbar bist. Dabei gehst du vor wie bei dem bekannten Kinderspiel „Ich packe meinen Koffer“, indem du den bereits vorhandenen „Dankeschöns“ immer ein weiteres Geschenk hinzufügst. „In bin dankbar für meine Eltern, die immer für mich da sind.“ „Ich bin dankbar für meine Eltern und meine Arbeit, die mich erfüllt.“ „Ich bin dankbar für meine Eltern, meine Arbeit und den guten Wein, den mir Lisa neulich geschenkt hat.“ Und so weiter. Du wirst dich wundern, wie prall gefüllt dein „Geschenke-Konto“ wird. Das kleine Spiel lenkt deine Gedanken auf schöne Empfindungen und ermüdet früher oder später deinen Geist. So schläfst du gelassen und dankbar ein, und das ist die beste Voraussetzung für einen gelungenen Start in den nächsten Tag. Die Liegemeditation bietet sich auch an, wenn du in fremder Umgebung, wie im Hotel oder im Krankenhaus, schläfst. Du kannst sie auch im Matratzenlager auf der Alm ausprobieren.

Wo begleitet dich „Bud your Life!“ jetzt gerade? Sitzt du in der überfüllten Bahn oder genießt du die angenehmen Sonnenstrahlen im Park? Liegst du, nach einem ereignisreichen Tag, aufgekratzt auf deiner Couch? Dann richte genau JETZT – in der Position, in der du gerade verharrst – deine Wirbelsäule auf, schließe deine Augen und verbringe Zeit mit dir selbst. Vergiss den ganzen

Trubel um dich herum, spüre deinen Atem, entspanne und übe dich in Gelassenheit. So reinigst du deinen Geist im Schnellverfahren. Du wirst erstaunt sein, welchen mentalen „Frischekick" dir deine kurzen „Meditationsspritzen" über den Tag hinweg verleihen.

Bud your Life!-Trainingsplan: *Buddha to go*

In jeder Lebensphase bist du zahlreichen Belastungen ausgesetzt. Es liegt an dir, eine entspannte innere Haltung gegenüber Stress und Sorgen zu kultivieren.

„Buddha to go" ermöglicht es dir, in allen Situationen und in jeder Körperposition deinen Geist zur Ruhe zu bringen und zu entspannen.

Egal ob sitzend bei der Arbeit, stehend an der Kasse, gehend am Flughafen oder liegend im Bett: Nimm eine bequeme Position mit gerader Wirbelsäule ein und entspanne deinen Geist mit Hilfe der Stuhl-, Baum-, Geh- oder Liegemeditation.

DER ZAHN DER ZEIT

„Und am Ende sind es nicht die Jahre in deinem Leben, die zählen. Es ist das Leben in deinen Jahren."

Abraham Lincoln, 16. Präsident der Vereinigten Staaten, 1809–1865

Mein Lieblings-Radiosender hat neulich seinen 30. Geburtstag gefeiert. Anlässlich des Jubiläums nahm er seine Zuhörer einen ganzen Monat lang auf eine Reise durch die Musikgeschichte mit. Tag für Tag schwelgte ich in Erinnerungen, denn mit vielen Songs verbinde ich wichtige Phasen in meinem Leben. In meiner Vorstellung liege ich erneut heulend vor Liebeskummer in meinem Teenie-Zimmer, als Roxettes „Listen to your heart" erklingt. Bei Snaps „Rhythm is a dancer" tanze ich schweißüberströmt durch meine ersten heißen Clubnächte. Und bei Alanis Morissettes „Ironic" starte ich abermals meine verrückte Backpacker-Tour durch Australien.

Nichts beschäftigt uns Menschen mehr als die Zeit. Es ist zum Verzweifeln: Während sich eine Woche für uns als Teenager in der

Schule oft so zäh dahinzog wie ein qualvoller Marathon, vergehen die Lebensjahre nun im Erwachsenenalter wie rasante 100-Meter-Sprints. Schon wieder Klassentreffen? Aber du hast doch vor Kurzem noch aus deiner Schultüte genascht. Weihnachten war doch gerade erst, und jetzt steht schon wieder die liebe Verwandtschaft vor der Tür. Dein Sohn macht den Führerschein? Eben ist er doch noch mit seinem Bobby-Car durch das Wohnzimmer gedüst. Weißt du noch, was du gemacht hast, als die Nachricht kam, dass die Berliner Mauer gefallen ist? Das war 1989! Und jetzt überlege mal, wie lange das her ist. Erschreckend, wie schnell die Zeit vergeht, oder? *„Es gibt Diebe, die nicht bestraft werden und einem doch das Kostbarste stehlen: die Zeit!“* monierte bereits Kaiser Napoleon Bonaparte im 19. Jahrhundert.

Warum haben wir mit zunehmendem Alter den Eindruck, dass die Lebensjahre immer schneller an uns vorüberziehen? Wie wir den Lauf der Zeit empfinden, hängt stark von unserem Lebenswandel ab. Die Zeitspanne, bis wir endlich volljährig werden, kommt uns eeewig laaange vor. Ab dann nimmt die Zeit an Fahrt auf und zischt schneller an uns vorbei als jedes Überschallflugzeug. Oder um es mit Albert Einsteins Worten auszudrücken:

„Wenn man zwei Stunden lang mit einem Mädchen zusammensitzt, meint man, es wäre eine Minute. Sitzt man jedoch eine Minute auf einem heißen Ofen, meint man, es wären zwei Stunden. Das ist Relativität.“

Unser Zeitempfinden hat viel mit „Neugierde“ bzw. „Routine“ zu tun. In den ersten zwei Jahrzehnten des Daseins erkunden wir unsere Umgebung wie eine neu entdeckte Insel. Mit staunenden

Augen unternehmen wir ausgiebige Wanderungen, bewundern die funkelnden Farben der blauen Lagune, sind fasziniert von der üppigen Vegetation und genießen an der Strandbar einen exotischen Cocktail, den wir als wahre Geschmacksexplosion empfinden. All diese Eindrücke erleben wir zum ersten Mal und nehmen das Leben als ungeheuer facettenreich wahr. Doch wenn wir dann einige Zeit auf der Insel gewohnt haben, verfliegt der Forscherdrang. Die Palmen, das Meer und die Drinks werden zur Gewohnheit und unsere Tage laufen mehr und mehr routiniert ab. Wir waschen uns morgens lustlos an der Lagune, die längst ihre schimmernde Magie verloren hat. Die bunten Papageien verlieren ihren Charme und nerven zunehmend mit ihrem schrillen Geschrei. Und die ehemals hippe Strandbar empfinden wir mittlerweile als „olle Kaschemme". Plötzlich rauschen die Tage, Wochen und Monate unspektakulär an uns vorbei, und abends fragen wir uns, was wir eigentlich den ganzen Tag über erlebt haben.

Auch wenn ich die „Insel" hier nur als Metapher verwende und die wenigsten von uns ihre Tage in der Südsee verbringen, bleibt das Prinzip doch das gleiche: Unsere Kindheit und Jugend ist geprägt von purem Abenteuer. Das erste Eis, der erste Urlaub, der erste Kuss, die erste eigene Wohnung. Das Leben steckt voller aufregender Reize. In dieser Phase kommt uns das Dasein fast unendlich vor. Wie in Zeitlupe kosten wir jeden Moment aus. Doch irgendwann verfliegt der „Zauber des ersten Mals", und es beginnt der „Ernst des Lebens". Wir finden einen Job, gründen eine Familie, bauen ein Haus. Plötzlich gleicht jeder Tag auf erschreckende Weise dem anderen: aufstehen, Kinder zur Schule bringen, zur Arbeit gehen und am Abend vor der Glotze sitzen. Der Urlaub wird

jedes Jahr am gleichen Ort im selben Hotel verbracht – da weiß man, was einen erwartet. Mittwochs werden die Wocheneinkäufe erledigt, selbstverständlich immer im „Supermarkt unseres Vertrauens". Freitags geht es in die Stammkneipe, wo man mit Freunden über eingeschlafene Ehen diskutiert. So ist das Leben solide und pragmatisch, aber leider auch eintönig und langweilig.

„Und täglich grüßt das Murmeltier" heißt der erfolgreiche Hollywoodfilm, in dem ein arroganter Wetteransager in einer Zeitschleife festsitzt. Wie eine hängengebliebene Schallplatte durchlebt der egozentrische Hauptdarsteller wieder und wieder denselben Tag. Erst als er in der Lage ist, seine festgefahrenen Gewohnheiten aufzugeben und Mitgefühl für seine Mitmenschen zu entwickeln, gelingt dem tragischen Helden der Ausstieg aus dem zermürbenden Alltagstrott.

Du selbst hast es in der Hand, deiner Zeitschleife zu entkommen, indem du deine Gewohnheiten mal beiseitelässt und dir etwas Abwechslung gönnst. Diese „Kicks" müssen keine Bungee-Jumps über den Niagarafällen und auch kein Sexurlaub in Pattaya sein. Stelle dir vor, du hättest nur noch einen Monat zu leben. Überlege dir, welche Dinge dir wirklich wichtig sind. Was würdest du in der verbleibenden Zeit unbedingt gerne noch erleben? Du liebst Pizza, Cappuccino und „Dolce Vita" und nimmst dir seit Jahren vor, die italienische Sprache zu erlernen? Dann such dir heute noch einen Sprachkurs an der Volkshochschule und fang morgen an, die „Lingua italiana" zu üben. Seit Jahren redest du mit deiner Schwester kein Wort? Ein dummer, alter Streit, doch ihr seid beide zu stolz, über euren Schatten zu springen und auf den anderen zuzugehen? Bitte dein Schwesterherz heute um eine Aussprache und triff sie morgen auf einen Kaffee. Je mehr Abwechslung du in deinen Tagesplan bringst, desto kostbarer und gehaltvoller empfindest du dein Leben. Du bist dein eigener Zeitmanager.

Was hältst du davon, deine Zeit nicht mit einer tickenden Kuckucksuhr an der Küchenwand zu messen, aus der einmal pro Stunde ein nerviger Holzvogel springt. Nicht Stunden oder Jahre drücken eine Zeitspanne in deinem Leben aus, sondern das „Maß der Veränderung". Nehmen wir die letzten fünf Jahre: Du hast in dieser Zeit womöglich zehn Kilo zugenommen. Der Umfang deines Bauches hat zu- und deine Beweglichkeit abgenommen. Du hast deine große Liebe kennengelernt, und dein Sohn wurde geboren. Die Prioritäten in deinem Leben haben sich verschoben. Oder du hast schon das Rentenalter erreicht und fühlst dich von der Gesellschaft nicht mehr gebraucht. Dein Tagesablauf und dein Selbstwertgefühl haben sich gewandelt.

Schließe die Augen, lasse deinen Geist zur Ruhe kommen und überlege dir bei der nächsten „Zehn", was der Begriff „Zeit" für dich bedeutet. Du findest, dass du körperlich abbaust und der Zahn der Zeit an dir nagt? Ist Zeit für dich Luxus, weil du viel arbeitest und wenig Raum für dein Privatleben bleibt? Nach zahlreichen Enttäuschungen und Fehlschlägen hoffst du, dass die Zeit deine Wunden heilt. Zeit ist Geld, denn für dich als Freiberufler bedeutet jeder Tag, an dem du nicht arbeitest, einen Einkommensverlust. Ersetze den Begriff „Zeit" nun durch das Wort „Veränderung". So wirst du dir einer anderen Perspektive auf deinen Zeitbegriff bewusst. Plötzlich kaut der „Zahn der Veränderung" und „Veränderungen heilen deine Wunden". Schaffe „Luxus durch Veränderung", indem du dir Freiräume suchst, die du aktiv mit frischen Ideen und Erlebnissen „anreicherst". Damit verleihst du deinem Lebensmotor mächtig Antrieb und fährst beschwingt auf neuen Wegen. Durchbrich die Mauer der Gewohnheit und rüttle deine kindliche Neugier wach!

Bud your Life!-Trainingsplan:
Der Zahn der Zeit

- „Zeit ist relativ“. Wie schnell oder langsam Monate und Jahre vergehen, hängt davon ab, wie facettenreich du deinen Alltag gestaltest.

- Du bist dein eigener „Zeitmanger“. Entfliehe den festgefahrenen Gewohnheiten und reichere dein Leben mit frischen Ereignissen an.

- Verändere die Perspektive auf deinen Zeitbegriff und ersetze ihn durch das „Maß der Veränderung“. Was bedeutet Zeit in deinem Leben? Wie kannst du die Veränderungen am effektivsten nutzen?

SHOOTINGSTAR

„Mächtige Kräfte erschüttern und gestalten sie um, unsere Welt, und die brennende Frage unserer Zeit lautet, ob wir den Wandel zu unserem Freund statt zu unserem Feind machen können."

Bill Clinton, 42. Präsident der Vereinigten Staaten, *1946

In meiner Jugend habe ich einige coole Rucksackurlaube mit meinem besten Freund Chris unternommen. Zu unserem abendlichen Ritual gehörte es, uns mit zwei Flaschen Wein auszurüsten und uns einen schönen Platz in der freien Wildbahn unterm Sternenhimmel zu suchen. Stundenlang schauten wir dann gemeinsam in die Fernen des Weltalls und schwadronierten über den Sinn des Lebens. Die Vorstellung, dass die Lichtstrahlen der funkelnden Sterne, die am Firmament blitzen, zum Teil schon zur Zeit der Dinosaurier ausgesandt wurden, aber erst heute auf der Erde eintreffen, fasziniert mich bis heute. Eine Vielzahl dieser Sonnen existiert womöglich gar nicht mehr, weil der Brennstoff in ihrem Kern erloschen ist. Einige „sterbende Sterne" plustern sich zunächst zu einem „Roten Riesen" auf und schrumpfen dann zu einem „Weißen Zwerg" zusammen. Die letzten Zuckungen der gigantischen Lichtwesen vollziehen sich über Jahrmillionen. Dagegen wirkt die Zeitspanne eines Menschenlebens mickrig, geradezu wie ein Wimpernschlag. Nichtsdestotrotz: Wie die Galaxien im Universum unterliegt auch unsere Existenz der ständigen Veränderung. Wir machen angenehme und lästige Erfahrungen, werden älter und entwickeln uns stetig weiter. Auch unser Umfeld verwandelt sich so rasant wie ein Chamäleon: Jahreszeiten kommen und gehen. Der technische Fortschritt stellt uns vor immer neue Herausforderungen. Auch das Beziehungsgeflecht zu unseren Mitmenschen verändert sich immerzu. Der plötzliche Verlust eines langjährigen Gefährten reißt eine tiefe Lücke ins Leben. Eine sehr gute Freundin hat einen neuen Lebenspartner und gibt uns plötzlich das Gefühl, nicht mehr wichtig zu sein. Wir bekommen einen neuen Kollegen, der eine völlig andere Wellenlänge hat. Das alles stellt uns vor neue Herausforderungen, denen wir uns häufig nicht gewachsen fühlen.

Auch das Verhältnis zu Menschen, die uns besonders nahestehen, verändert sich im Laufe der Zeit. Es erfordert viel botanisches Geschick, um diese kostbaren Blumen wachsen und gedeihen zu lassen. Häufig reicht der „grüne Daumen" nicht aus, um die „Pflanze der Freundschaft" am Blühen zu halten. Dann verliert das zwischenmenschliche Bündnis – ähnlich wie ein sterbender Stern – nach und nach seine Strahlkraft.

Während meiner Schauspielausbildung in München hatte ich eine liebe Kollegin namens Pia. Die fordernde Ausbildung, während deren wir jeden Tag in unserem Denken und Tun begutachtet und kritisiert wurden, schweißte uns eng aneinander und ließ uns zu Verbündeten werden. Nach der Ausbildung verschlug es uns beide nach Berlin, wo wir uns eine Karriere beim Film erträumten. Es dauerte nicht lange, bis uns das harte Schauspielerdasein auf den Boden der Tatsachen holte. Wir drehten Demobänder, gaben ein kleines Vermögen für Fotoshootings aus und putzten akribisch die nicht immer goldenen Klinken von Besetzern, Regisseuren und Produktionsfirmen. Ab und an erbarmte sich die Filmindustrie und warf uns bettelnden Hunden eine Scheibe Wurst hin, in Form eines Castings oder Drehtags, auf die wir uns wie hungrige Wölfe stürzten. In erster Linie waren die frühen Berufsjahre in Berlin für Pia und mich jedoch von Absagen, Enttäuschungen und Desillusionen geprägt. Die vermeintliche Glitzer- und Glamourwelt spielte sich für uns auf den kargen Fluren des Arbeitsamtes ab. Doch so sehr uns das Leben als angehende Schauspieler zusetzte, so sehr schweißte uns diese Zeit auch zusammen. Wir unternahmen beinahe jeden Tag etwas zusammen, bestärkten uns gegenseitig in unserem Traum und überlegten uns Strategien, wie wir die Filmbosse von unserem Talent überzeugen könnten. Nach vielen gemeinsamen Lach-, Wein-, Koch- und Schockerlebnissen trennten sich unsere Wege. Pia gelang der Einstieg als Theaterschauspielerin auf verschiedenen deutschen Bühnen und mich führte mein Weg als Fernsehmoderator von Berlin über Köln nach München. Die erste Zeit besuchten Pia und ich uns regelmäßig. Gemeinsam schwadronierten wir über die alte Berliner Zeit, die uns nun aus der Distanz gar nicht mehr so mühsam vorkam und uns doch so sehr geprägt hatte. Dann passierte etwas Seltsames: Ich besuchte Pia – wie häufig – anlässlich der Premiere eines ihrer Bühnenstücke. Wohl in böser Vorahnung, dass sich der

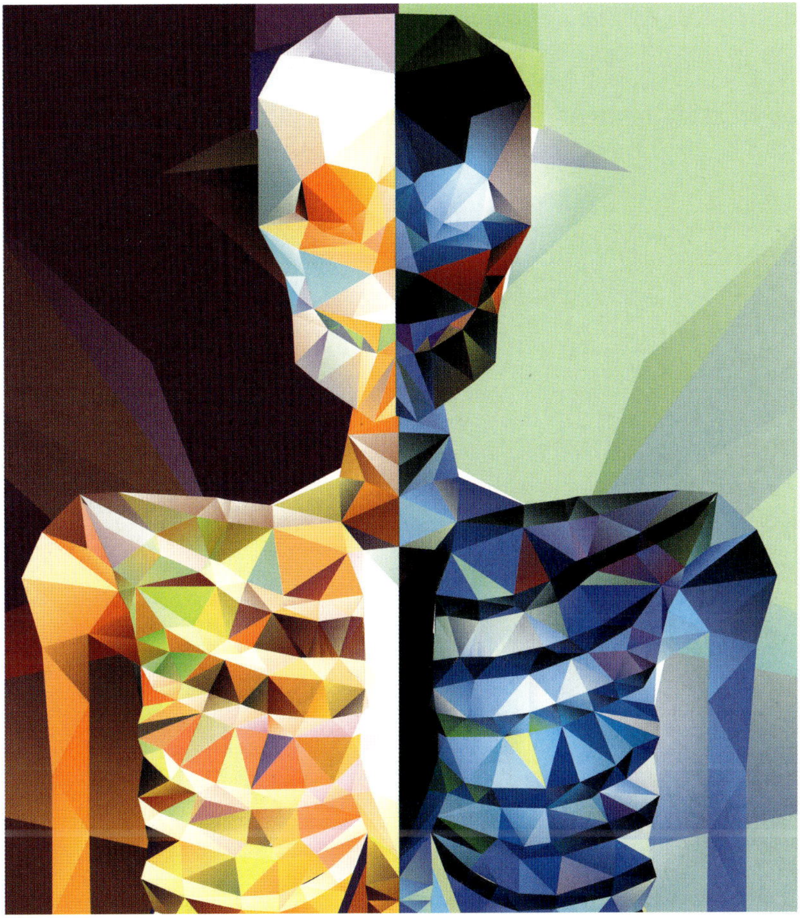

Himmel über unserer Freundschaft verfinstert hatte, übernachtete ich nicht – wie gewohnt – bei Pia zu Hause, sondern buchte mir ein Zimmer in einem nahegelegenen Hotel. Unmittelbar nach meiner Ankunft entschuldigte Pia sich per SMS, dass sie vor der Vorstellung keine Zeit für mich habe, da ein wichtiger Termin dazwischengekommen sei. Aber auch nach dem Theaterstück stand Pia nicht so recht der Sinn nach mir. Widerwillig bot sie mir an, sie in ein Restaurant zu begleiten, in dem ihre Kollegen und sie die Premiere feierten. Wie ein Komparse ohne Wortanteil lauschte ich am Tisch der aufgesetzten Inszenierung von Pia und ihrer überdrehten Schauspielergang. Ich begriff: Für mich war kein Platz mehr in Pias kleiner Theaterwelt. Irgendwann verabschiedete ich mich und fuhr etwas verwirrt in mein Hotel. Das war unsere letzte Begegnung. Auf Nachrichten und Telefonanrufe reagierte Pia nicht mehr. Der Kontakt brach völlig ab. Was war passiert? Wie können sich zwei Menschen, die sich so nah waren, plötzlich so einander entfremden? Ehrlich gesagt: Die wahren Gründe weiß ich bis heute nicht. Ich bin jedoch davon überzeugt, dass wir beide uns durch die neuen Lebensumstände in unterschiedliche Richtungen entwickelt und es versäumt haben, uns gegenseitig darüber in Kenntnis zu setzen. Ähnlich wie bei einem „sterbenden Stern“ zog sich unsere ehemalige „Rote Riesen“-Freundschaft zu einem „Weißen Zwerg“ zusammen und entlud sich dann in einer abrupten Explosion, bei der uns die „Freundschaftsteilchen“ gehörig um die Ohren flogen.

Egal ob Freundschaft, Partnerschaft oder das Verhältnis zu deinen Kindern – alle Bindungen unterliegen ständigen Veränderungen. Verweigerst du dich diesem Wandel, führt das häufig zu großen Auseinandersetzungen. Da ist zum Beispiel der volljährige Sohn, der im Dauerclinch mit seiner Mutter liegt, die ihn nach wie vor wie einen Fünfjährigen behandelt und ihm ein eigenverantwortliches Leben verwehrt. Der „Abnabelungsprozess“, den ein Schulabsolvent auf dem Sprung ins Berufsleben von seinen Eltern durchläuft, vollzieht sich häufig für alle Parteien mühsam und konfliktreich. Auch langjährige Partnerschaften haben mit der Veränderung, die sich meist schleichend vollzieht, zu kämpfen. Nicht umsonst liegt die Scheidungsrate bei Ehepaaren in Deutschland bei fast 50 Prozent. Es fällt einfach schwer, das einst erschaffene Bild des Traumpartners loszulassen und die Beziehung neu auszuloten. Schließlich will frau bzw. man im Gegenüber genau den aufmerksamen Liebhaber „behalten", der zu Beginn der Beziehung vorstellig wurde. Ich bin überzeugt, dass ein Großteil der zerrütteten Partnerschaften zu kitten wäre, wenn sich alle Seiten dem Wandel, der in jeder Beziehung im Laufe der Zeit stattfindet, stellen würden. Das erfordert von beiden Partnern, offen und ehrlich über die eigenen (veränderten) Bedürfnisse und Prioritäten zu sprechen. Mir kommen Krisengespräche in zwischenmenschlichen Beziehungen häufig wie Koalitionsverhandlungen in der Politik vor. Wenn die unterschiedlichen Parteien nicht in der Lage sind, aufeinander zuzugehen und Kompromisse zu schließen, dann zerbricht die Koalition. Nur wenn alle Beteiligten sich in die Sichtweise des anderen hineinversetzen, können sie gemeinsam „weiterregieren". Gemeinsam neue Wege auszuprobieren bringt häufig frischen Wind in eine verstaubte, muffige Beziehung. Also: Fenster auf und durchlüften.

Eine weitere tief greifende Veränderung ist das Altern. Zugegeben: Es gibt Schöneres, als sich mit dem eigenen körperlichen Zerfall, Krankheiten und schwindenden Kräften auseinanderzusetzen. Aber bringt es dich weiter, dich vor diesem „Tabuthema" wegzuducken, den Gang zum Arzt zu meiden oder dein Gesicht mit sündhaft teuren „Anti-Falten-Cremes" einzuschmieren? Klar kannst du dir einen zwanzig Jahre jüngeren Partner zulegen, um dich frisch und vital zu fühlen. Doch an der Tatsache, dass du im

Alter abbaust, ändert das trotzdem nichts. Ganz im Gegenteil: Mit einem Jungspund an deiner Seite fällt dir das noch deutlicher auf. Das Gefühl, im Job wie ein Oldtimer ausrangiert und durch ein neues Model ersetzt zu werden, ist bedrückend. Du solltest jedoch deinem persönlichen Herbst gelassen begegnen und ihn akzeptieren, wenn du nicht den Rest deines Lebens frustriert und miesepetrig durch die Weltgeschichte laufen willst. Zumal du - als angehender Hobby-Buddhist - gerade dabei bist, dir einen „altersfreien“ Geist anzueignen. Du lebst aus dir heraus und versprühst mit deiner vitalen Lebenseinstellung „innere Schönheit“. Deine Mitmenschen lässt du gerne an deinem Wissens- und Erfahrungsschatz teilhaben. Durch die „buddhistische Gelassenheit“, die du während der „Zehn“ trainierst, hörst du auf, dich mit (möglichen) Krankheiten und Gebrechen auseinanderzusetzen.

Der Lyriker Christian Hoffmann von Hoffmannswaldau verleiht dem Alter in seinem Gedicht „Vergänglichkeit der Schönheit“ sogar eine poetische Note:

„Es wird der bleiche Tod mit seiner kalten Hand
Dir endlich mit der Zeit um deine Brüste streichen,
Der liebliche Korall der Lippen wird verbleichen;
Der Schultern warmer Schnee wird werden kalter Sand.“

Das Gedicht endet mit den Zeilen:

„Dies und noch mehr als dies muss endlich untergehen,
Dein Herze kann allein zu aller Zeit bestehen,
Dieweil es die Natur aus Diamant gemacht.“

Schön, oder? Auch wenn Hoffmanns Gedicht zunächst etwas gruselig daherkommt: Bei genauerer Betrachtung zeigt sich, dass er sich zwar der Vergänglichkeit des Körpers bewusst ist, die Seele für ihn allerdings aus etwas Unvergänglichem, nämlich aus Diamanten, besteht. Wahre Schönheit kommt eben doch von innen. Nicht deine Attraktivität, sondern deine Güte, Herzlichkeit und positive Lebenseinstellung bleiben deinen Nachfahren in Erinnerung.

Ich denke, du kannst mit dem Problem des Altwerdens am besten umgehen, wenn du deine grundsätzliche Sicht auf Veränderungen überdenkst. Widme dich bei deiner nächsten „Zehn" dem Wandel in deinem Leben. Hast du Angst, dass geliebte Menschen dich verlassen könnten? Wie stehst du zu Falten, die du an deinem Körper entdeckst? Wie waren deine Gefühle, als ein bestimmter Lebensabschnitt, etwa die Schulzeit oder eine Beziehung, endete und etwas Neues begann? Schaue dir deine Angst vor Veränderungen näher an, um sie dann loszulassen und das Positive darin zu sehen. Auch wenn du auf manchen Wendepunkt in deinem Leben gut und gerne verzichten könntest – ohne Wandel gibt es keine Weiterentwicklung. Jede Krise birgt eine Chance. Sei neugierig auf die Möglichkeiten, die neue Umstände in dein Leben bringen. Lass den Ereignissen ihren freien Lauf. Diese Denkweise macht dich gelassener und verleiht dir Größe. Kennst du Menschen in deiner Umgebung, die immerzu nur von Krankheiten sprechen? Die alte Frau Schmidt hat Parkinson, Herr Meyer leidet unter schwerer Demenz, und sie selbst fürchten sich vor einer Krebserkrankung. Je mehr du dich vor Krankheiten fürchtest, desto mehr setzt sich diese ängstliche Einstellung in deinem Kopf fest. Bei jedem von uns äußert sich seelischer Druck früher oder später in körperlichen Beschwerden, wenn wir diesen unterdrücken und wegschieben. Man könnte auch sagen: Wenn du deine Anspannungen nicht „herauslässt", dann dringen sie in andere Körperregionen vor und drücken sich in massiven Rückenschmerzen, Migräneattacken, Herzbeschwerden oder Magengeschwüren aus. Ignorierst du diese „Hilferufe", kann dies unter Umständen zu noch schwererem Leid führen. Wenn wir uns zum Beispiel vorstellen, dass uns ein Arzt eine niederschmetternde Diagnose offenbart, vergeht uns erst einmal das Lachen. Wir fahren mit dem emotionalen Aufzug in den dunklen Keller, in dem wir - an die „Matratzengruft" gefesselt - von Schmerzen und Depressionen gefoltert werden. Schluss mit solch destruktiven Szenarien! Das bedeutet nicht, dass wir die regelmäßigen Gesundheitschecks beim Hausarzt schwänzen sollten, um möglichen negativen Diagnosen aus dem Weg zu gehen. Es ist wichtig, dass wir uns dem Wandel auch in körperlicher Hinsicht stellen.

Wenn dich Sorgen um deine Gesundheit plagen, dann lausche bei deiner nächsten „Zehn"-Sitzung diesen bangen Gefühlen und lasse sie allmählich zur Ruhe kommen. Wende dich mit deinem entspannten Geist dem Krankheitsherd zu (auch denen, vor denen du dich fürchtest) und stelle dir bildlich vor, wie du den gefährlichen Viren und Zellverformungen den Garaus machst.

Seit den 1980er-Jahren gibt es ein angesagtes Computerspiel namens „Super Mario". Die Aufgabe besteht darin, mit Hilfe von „Super Mario" - dem dicklichen Helden mit roter Schildkappe und schwarzem Schnauzer - unterirdische Rohrleitungen von

Schildkröten, Krabben und zahlreichen anderem Getier zu reinigen. Dafür hechtet „Super Mario“ auf die Eindringlinge, dreht sie um und schleudert sie mit einem gehörigen Stoß aus dem Spiel heraus. Genauso machst du das mit Störenfrieden in deinem Körper: Stelle dir während der „Zehn“ vor, wie du die bösartigen Viren und Bakterien schnappst, sie kräftig durchschüttelst und mit einem kräftigen Tritt aus deinem Körper katapultierst. Dieses Denken lässt dich aktiv gegen deine Krankheit vorgehen. Ich will diese Geistesübung nun nicht als die allein seligmachende Methode propagieren, doch ist es mittlerweile erwiesen, dass heilende Gedanken den Genesungsprozess im Körper unterstützen. Zusammen mit einer fundierten ärztlichen Behandlung kann diese Art von positiven Bekräftigungen große Wirkung zeigen.

Unter einer vernünftigen medizinischen Therapie verstehe ich übrigens wissenschaftlich fundierte Schulmedizin, gerne unterstützt durch alternative Heilmethoden, aber keine Behandlungen durch Quacksalber, selbsternannte Heiler und Paramediziner. Leider haben schon viel zu viele Menschen einen zu hohen gesundheitlichen Preis gezahlt, weil sie sich ausschließlich auf eine (möglicherweise auch noch ungeprüfte) Heilmethode verlassen haben.

Große Einschnitte in deinem Leben fordern dich außerdem womöglich dazu auf, bestimmte, festgefahrene Gewohnheiten zu verändern und dich weiterzuentwickeln. Die Trennung von einem geliebten Menschen setzt dir zu? Versuche während deiner „Zehn“-Meditation etwas Abstand zu dem tiefen Schmerz zu bekommen und nicht gänzlich damit identifiziert zu sein. So kannst du etwas neutraler auf den Abschied blicken. Welchen

Sinn erkennst du darin? Birgt der Abschied neue Chancen, Herausforderungen und vielleicht sogar Freiheiten?

Die Kunst, das Leben zu nehmen, wie es ist, verleiht dir Stärke und macht dich souverän, unabhängig und selbstbewusst. Freue dich auf neue Menschen, die in dein Leben treten und versuche es mit Fassung zu tragen, wenn – aus welchen Gründen auch immer – vertraute Menschen dein Leben verlassen. Übe dich in dieser Akzeptanz, blicke nach vorn und stecke deine Nase neugierig durch neue Türen. Oft warten dahinter wunderbare Erfahrungen und Möglichkeiten. Sie werden dein Leben bereichern. Wer will schon ein monotones Leben führen, in dem sich nie etwas verändert?

Und um am Ende noch einmal auf den Sternenhimmel zurückzukommen: Kennst du das hoffnungsvolle Gefühl, das aufkommt, wenn du eine Sternschnuppe über das Firmament ziehen siehst? Seit deiner Kindheit weißt du, dass du nach diesem faszinierenden Schauspiel die Augen schließen und dir etwas wünschen darfst. Dein Leben besteht aus einer Vielzahl von Sternschnuppen. Menschen, Situationen und Lebensumstände treten in dein Leben, einige bleiben kürzere, andere längere Zeit, und dann verabschieden sie sich wieder von dir und verglühen. Was spricht eigentlich dagegen, dass du mit diesen – manchmal sehr traurigen – Abschieden in deinem Leben genauso verfährst wie mit Sternschnuppen. Du schließt die Augen, bist dankbar für das Erlebte und blickst gespannt auf das, was als Nächstes kommt.

Bud your Life!-Trainingsplan:
Shootingstar

- Alles im Universum, auch dein Leben, unterliegt dem Wandel und der Vergänglichkeit.

- Zwischenmenschliche Beziehungen verändern sich im Laufe der Zeit. Stelle dich den veränderten Bedürfnissen und versuche Kompromisse zu finden.

- Mittels der Meditation baust du die Angst vor Veränderungen ab, erkennst Chancen und blickst gelassener in die Zukunft.

- Heilende Gedanken schützen vor Krankheiten und unterstützen den Genesungsprozess. Entspanne deinen Geist und stelle dir bildlich vor, wie du mögliche Eindringlinge mit einem kräftigen Tritt aus deinem Körper herausbeförderst.

- Gehe mit Trennungen und Abschieden um wie mit Sternschnuppen: Schließe die Augen, sei dankbar für das Erlebte und schaue gespannt auf das, was vor dir liegt.

DÉJÀ-VU

„Die Lehre von der Wiederkehr ist zweifelhaften Sinns. Es fragt sich sehr, ob man nachher noch sagen kann: ‚Ich bin's'"?

Wilhelm Busch, deutscher Dichter, 1832–1908

Der größte Traum meiner Kindheit war es, in einer Zeitmaschine in verschiedene Epochen zu reisen, um am eigenen Leib zu erfahren, wie es auf einer mittelalterlichen Ritterburg, zu Zeiten der Französischen Revolution oder in den rock 'n' rolligen 1950er-Jahren wirklich zuging. Damals heftete ich mich an die Spuren des bayrischen Königs Ludwigs II., der quasi vor meiner elterlichen Haustüre seine Prachtschlösser Neuschwanstein und Linderhof erbaut hatte. Seine noblen „Hütten" faszinierten mich, und ich beschäftigte mich eingehend mit seiner Biografie. Ludwig II. wirkte auf mich wie ein Kind, das in einer falschen Zeit geboren ist. Seine Visionen und Sehnsüchte passten nicht ins bigotte und konservative Bayern des 19. Jahrhunderts. Meine Urgroßmutter erzählte uns faszinierende Geschichten über den Märchenkönig, der in den idyllischen Allgäuer Winternächten in einer prunkvollen Pferdekutsche majestätisch an ihrem Haus vorbeigeschwebt war. Ein gespenstisches Spektakel, das auf sie wie eine Begegnung der „dritten Art" gewirkt hatte.

Welche Zeiten, Personen und Orte faszinieren dich? Du stehst inmitten eines historischen Gebäudes und fühlst dich von der Atmosphäre magisch angezogen. Im Gespräch mit einem fremden Menschen kommt dir euer Verhältnis plötzlich derart vertraut vor, als ob ihr euch schon eine Ewigkeit kennt. Du wanderst durch eine unbekannte Gegend und bist dir sicher, die Landschaft schon einmal gesehen zu haben. Kennst du solche Déjà-vu-Erlebnisse?

Sicherlich hast du dich auch schon einmal mit dem Thema beschäftigt, was nach dem Leben kommt. „Nichts!", sagen die Atheisten. „Himmel und Hölle!" sind sich die Christen sicher. Und wie sieht das der Buddha? Wie du ja bereits in einem der vorigen Trainingseinheiten erfahren hast, sind sich Buddhisten sicher, dass alles um uns herum aus dem Prinzip von Ursache und Wirkung entsteht. Was du heute denkst und tust, resultiert aus den Erfahrungen deiner Vergangenheit und hat Auswirkungen auf deine Zukunft. Wenn du wissen willst, wer du früher warst bzw. wohin dein Weg dich führt, dann schau dir genau an, wer du heute bist.

Jetzt fragst du dich zu Recht, weshalb du dich nicht an frühere Leben erinnern kannst, wenn du angeblich schon so häufig wiedergeboren worden bist. Auch darauf haben Buddhisten eine Antwort: Unmittelbar nach der Geburt ist unser Geist wie ein klarer Gebirgssee, bei dem wir ohne Probleme auf den Grund blicken können. Manche können sich sogar an Erlebnisse aus früheren

Leben erinnern. Daher plaudern Kleinkinder hin und wieder unbedarft über frühere Geschehnisse, die sich zu Zeiten und an Orten abgespielt haben, die sie gar nicht kennen können. Je älter wir werden, desto mehr trübt die angeborene Quelle ein. Zum einen versperren dir heftige „Blubber" – also aufgewirbeltes Wasser –, ausgelöst durch Wut und Ärger, die Sicht auf den Boden. Zum anderen befallen Algen, Moos und Schlick, in Form von Gier, Egoismus und Angst die Oberfläche deines Sees. Zu einem klaren Geist gelangst du, wenn du ihn von sämtlichen Eintrübungen wie Hass, Sorgen oder Eifersucht reinigst.

Hast du Lust auf eine kleine Reise zu dir selbst? Dann schnapp dir dein Meditationskissen und suche dir einen Ort, an dem du für einige Zeit ungestört bist. Starte deine erste mentale Expedition am besten nicht morgens, wenn du sowieso schon zu spät dran bist, oder abends, bevor du hundemüde ins Bett fällst. Mach deinen Ausflug an einem entspannten Tag, an dem du die nötige Muße für dein kleines Abenteuer hast. Zunächst lässt du – wie bei deiner üblichen „Zehn" – alle störenden Gedanken zur Ruhe kommen. Mit jedem Atemzug saugst du reine Energie in dich ein und atmest Geistesgifte (Sorgen, Wut, Ärger, quälende Fragen) aus. Auf diesem Weg filterst du deinen schmutzigen Gebirgssee. Stelle dir vor, du bist auf einer schönen Wiese. Betrachte die Landschaft um dich herum. Die stolzen Baumkronen, die sich im Wind bewegen. Die flatternden Schmetterlinge, die herumtollen. Das saftige Gras und die bunten Blumen. Die Sonne streichelt dein Gesicht, und die Vögel zwitschern um die Wette. Du bist gelassen und völlig im Reinen mit dir. Vor dir siehst du einige Türen, die in eine Wolkenwand eingebettet sind. Du weißt, dass hinter jeder dieser

Türen eine spannende Episode auf dich wartet, die dir mehr über dich erzählt. Lass dich innerlich darauf ein. Wähle eine Wolke aus und schreite durch die entsprechende Tür. Was passiert hinter der Fassade? Erblickst du ein Gebäude, eine Landschaft oder vielleicht noch etwas anderes? Nimm die Reize und Eindrücke, die sich dir bieten, wertfrei wahr. Schaue an dir herunter. In welchen Schuhen gehst du? Welche Kleidung trägst du? Begegnest du anderen Menschen? Wie reagieren sie auf dich? Erkunde die Umgebung und sieh, was sie mit dir macht. Vielleicht führt dich dein kleines „Kopfkino" aufs stürmische Meer, und dir wird ganz bange, wenn du an das tiefe, dunkle Wasser unter dir denkst. Woher resultiert deine Angst, den Boden unter den Füßen zu verlieren? Womöglich bringt dich dein kleiner mentaler Streifzug über idyllische Auen und Wälder zu einem alten Gehöft, in dem alte Bekannte und Erinnerungen auf dich warten. Lass deiner Fantasie einfach freien Lauf. Sei dir dennoch bewusst, dass es sich bei deinem kleinen Rundgang um Fiktion handelt, und steigere dich in nichts hinein. Du bist der ruhige und neutrale Beobachter deines eigenen, kleinen Films. Irgendwann, wenn du genug erlebt hast, gehst du zurück zur Wolke und trittst über die Türschwelle wieder zurück in dein „normales" Leben. Was ist das Ziel dieser mentalen Expedition? Es gibt keines, also mach dich frei von möglichen Erwartungen. In erster Linie bringt es einfach Spaß, in fremde Welten einzutauchen. Damit aktivierst du deine Fantasie, die in Kindertagen noch so lebendig war, und trainierst deine Kreativität. Solltest du darüber hinaus Erkenntnisse über dich selbst gewinnen, dann freue dich. Vielleicht kannst du dadurch besser nachvollziehen, weshalb du bestimmte Charaktereigenschaften besitzt, spezielle Leidenschaften in dir trägst und du mit bestimmten Menschen einfach nicht auskommst.

Im Prinzip erleben wir während unseres aktuellen Daseins permanent Wiedergeburten. Ständig sind wir damit beschäftigt, einen alten Lebensabschnitt „sterben" zu lassen und ein neues Kapitel zu beginnen. Die Geburt eines Kindes, der Umzug in eine neue Stadt, die Überwindung einer Krankheit, das Ende des Erwerbslebens und der Beginn des Rentenalters – das alles sind Brücken in ein neues Leben. Mal gelingt uns der Übergang in eine andere Phase besser, ein anderes Mal gestaltet er sich mühsam und schwer. Einen alten Lebensabschnitt zu „beerdigen" und etwas Neues zu „gebären", ist meist mit großen Emotionen verbunden: Freud und Leid, Euphorie und Trübsal, Hoffnung und Verzweiflung.

„Samsara" nennen Buddhisten den ewigen Kreislauf von Geburt, Wachsen, körperlichem Zerfall, Tod und Wiedergeburt. Ich möchte hier versuchen, den abstrakten Prozess, der sich zwischen deinem Tod und deiner erneuten Geburt angeblich abspielen soll, in einfache Bilder zu fassen. Hast du einen Lieblings-TV-Sender? Nehmen wir an, deine favorisierte Fernsehstation heißt „Bud TV". Dann ist dein Geist der Programmchef, der bestimmt, welche Dokus, Serien und Talkshows auf „Bud TV" gesendet werden. Dein Körper ist der Fernsehapparat, durch den dein Programm für andere Zuschauer empfangbar ist. Geht dein Fernsehgerät (dein Körper) irgendwann einmal kaputt, bleibt das Programm (dein Geist) weiter bestehen. Nach dem Tod schwirrt deine Frequenz erst einmal ziellos durch den Äther. Irgendwann wird deine Wellenlänge von neuen Intendanten (deine zukünftigen Eltern), die total auf deine Formate abfahren, aufgenommen. Im Zuge der „Programmplanung" (des Zeugungsakts) verschaffen sie dir ein neues Abspielgerät. Und die ganze Show beginnt von vorn. Ich gebe zu, dass diese Analogie ein wenig eigen ist, doch lässt sich damit gut verdeutlichen, wie Buddhisten sich die Wiedergeburt vorstellen.

Sie gehen davon aus, dass dein Geist immer existiert und im Laufe der Jahrhunderte von einem Körper zum nächsten wandert. Es gibt keinen Anfang und kein Ende. Nach dem Winter folgt immer der Frühling, der dann in den Sommer, in den Herbst und wieder in den Winter mündet. Ein ewiger Kreislauf. So viel zur Theorie. Ob sich das alles tatsächlich so abspielt, werden wir erst herausfinden, wenn das Licht in unserem Fernsehstudio dauerhaft erlischt. Oder wie es der begnadete Moderator und Entertainer Rudi Carrell kurz vor seinem Tod ausgedrückt hat: „Ich werde noch lange als Wiederholung weiterleben."

Bud your Life!-Trainingsplan:
Déjà-vu

- Entferne die „Blubber“ (Wut), die Algen und das Moos (Angst, Egoismus) von der Oberfläche deines geistigen Sees, um zum klaren Grund vorzustoßen.

- Unternimm im Zuge der „Zehn“ eine kleine Reise zu dir selbst. Welche spannenden Geschichten erlebst du? Was erzählen sie über dich?

- Während deines Lebens durchläufst du viele Wiedergeburten. Jeder Abschied bedeutet das Ende eines alten Kapitels und der Aufbruch in einen neuen Abschnitt.

- Buddhisten glauben, dass dein Sender (Geist) nach dem Tod weiterbesteht und sich auf die Suche nach einem neuen Empfänger (Körper) macht.

DAS RICHTIGE MASS

Wenn du das Leben begreifen willst,
glaube nicht, was man sagt und was man schreibt,
sondern beobachte selbst und denke nach.

Anton Tschechow, russischer Schriftsteller, 1860–1904

Auf einer Reise durch Kambodscha besuchte ich auch den Tempelkomplex von Angkor Wat, die noch immer atemberaubenden Überreste des untergegangenen Königreichs der Khmer. Mühsam hangelte ich mich in einer der beeindruckenden Tempelanlagen die steilen Treppen empor, um an den höchsten Punkt zu gelangen. Oben angekommen erwartete mich ein Buddha-Altar, vor dem ein junger Mann meditierte, dessen Aufgabe es offensichtlich war, den kostbaren Schrein zu bewachen. Der Tempelwächter öffnete die Augen, lächelte mich an und übergab mir ein Räucherstäbchen, welches ich kurzerhand an den Schrein steckte und anzündete. Auch Buddhas brauchen hin und wieder eine frische Brise. Diese Geste brachte mich ins Gespräch mit dem freundlichen Aufpasser, dessen Name Arun war. Er erzählte mir von den ärmlichen Verhältnissen seiner Familie, die als Reisbauern gerade einmal mit drei Dollar pro Monat über die Runden kommen musste. Um das elterliche Einkommen aufzustocken, verharrte er seit elf Jahren unablässig bis zum Sonnenuntergang auf den Stufen jenes spirituellen Ortes, wofür er mit 35 Cent pro Tag entlohnt wurde. Trotz Aruns enger Verbundenheit mit dem Buddha und seiner permanenten Praxis der Meditation steckte er voller unerfüllter Wünsche und enttäuschter Hoffnungen. Er wirkte zermürbt, unglücklich und desillusioniert. Vor meinem Abschied gab ich Arun etwas Geld, wohl wissend, dass ich mit meiner milden Gabe nicht annähernd seinen Hunger nach Glück und einem besseren Leben stillen konnte. Aruns Geschichte berührt mich bis heute, und ich denke immer an ihn, wenn ich wieder einmal die bequemen Verhältnisse meines unbeschwerten Lebens vergesse und mich über Belanglosigkeiten beklage oder über Nichtigkeiten aufrege.

Das Patentrezept für Zufriedenheit, Wohlstand und Frieden erhältst du nicht durch ausschweifende esoterische Praktiken, bei denen dir häufig der Blick für das wahre Leben abhandenkommt. Auch „Bud your Life!“ stellt nicht den Anspruch, der Stein der Weisen zu sein, den ich im Übrigen Harry Potter niemals streitig machen würde. Dieser freche Wegbegleiter soll eher die Rolle des Shakespeare'schen Narren einnehmen, der dir in bewährter Manier auf witzige Art und Weise den Spiegel vor die Nase hält. Was du aus dem, was dir das Spiegelbild zeigt, dann machst, überlasse ich voll und ganz dir. Nimm auch die „Zehn“ nicht als Allheilmittel, sondern eher als ein Hilfsmittel, das dir dazu dient, deinen Geist und dein Bewusstsein zu schärfen.

Trainiere in deinen nächsten Sitzungen eine moralische Grundhaltung, die von dem griechischen Philosophen Platon zur Kardinaltugend ernannt wurde: das rechte Maß wahren. Betrachte deine vermeintlichen Sorgen in der angemessenen Relation, reflektiere dich selbst und verliere dich nicht in übertriebenen spirituelle Methoden. Besonnenheit und Mäßigung helfen dir, adäquat mit all deinen täglichen Begierden, Ängsten und Wutausbrüchen umzugehen. Übe dich darin, dein zügelloses Gemüt einzufangen, und verlasse dich einfach auf deinen „gesunden Menschenverstand".

Am Ende unseres gemeinsamen Trainingscamps möchte ich mich aufrichtig bei dir für dein Interesse, dein Vertrauen und dein Engagement bedanken. Sollte dir der quirlige Ratgeber in einer bestimmten Lebenslage Trost spenden oder einen Denkanstoß geben können, dann freue ich mich und habe mein Ziel mehr als erreicht. Möglicherweise ist deinem engeren Umfeld bereits aufgefallen, dass du nicht mehr so schnell aus der Haut fährst, deinen Mitmenschen aufmerksamer begegnest und dich aufgeschlossen an neue Herausforderungen wagst. Tag für Tag schreibst du ein weiteres spannendes Kapitel in dein verrücktes Buch des Lebens. Egal welche Erfahrungen du aus unserer gemeinsamen mentalen Exkursion gezogen hast: Es wäre mir eine Ehre, wenn du mich an deiner Geschichte rund um „Bud your Life!" teilhaben ließest. Deine Meinung ist mir auch dann wichtig, wenn du so gar nichts mit dem frechen Ratgeber anfangen kannst und die darin beschriebenen Trainingseinheiten naiv, banal und einfach nur blöd findest. Ich bin gespannt auf deine Erlebnisse, die du mir gerne über die E-Mail-Adresse *BudYourLife@web.de* zukommen lassen

kannst. Ab jetzt bist du dein eigener Coach und bestimmst dein Trainingspensum selbst. Vielleicht wird dein neuer Wegbegleiter dir aber hin und wieder über die Schulter schauen und sich mit dir gemeinsam über deine Fortschritte freuen.

ZU GUTER LETZT ...

... bedanke ich mich recht herzlich bei allen inspirierenden „Kreativbuddhas", die mir bei der Entstehung von „Bud your Life!" mit sprühendem Esprit, klugem Witz, akribischem Fleiß und flammender Leidenschaft zur Seite standen. Ohne euch hätte der freche „Bud" niemals das „Life" erblickt!

ÜBER DEN AUTOR

Robert Schön bezeichnet sich selbst als „Hobby-Buddhisten". Der aufgeschlossene Weltenbummler begegnete auf einer Reise durch Thailand und Kambodscha seinem Vorbild Buddha, dessen Mitgefühl und Gelassenheit ihn nachhaltig beeindruckten. Mit leichtem Gepäck kehrte er nach Deutschland zurück und begann, die buddhistischen Weisheiten seinem eigenen modernen Lebensstil anzupassen. Mit „Bud your Life!" stellt er nun einen frechen Ratgeber vor, der dir Unterstützung anbietet, wenn dein Leben, deine Freunde und dein Job dir wieder gehörig auf die Nerven gehen. 1975 im beschaulichen Allgäu geboren, lebt und arbeitet Robert Schön heute als TV-Moderator und Autor in Köln und München.

Online erreichst du ihn auch über seine Facebook-Seite sowie die Website *www.robert-schoen.de.*